내가 만든 십자가
내가 사랑하는 십자가

그러나 내게는 우리 주 예수 그리스도의 십자가 외에 결코 자랑할 것이 없으니
그리스도로 말미암아 세상이 나를 대하여 십자가에 못 박히고
내가 또한 세상을 대하여 그러하니라.

Ἐμοὶ δὲ μὴ γένοιτο καυχᾶσθαι εἰ μὴ ἐν τῷ σταυρῷ τοῦ Κυρίου ἡμῶν
Ἰησοῦ Χριστοῦ, δι' οὗ ἐμοὶ κόσμος ἐσταύρωται κἀγὼ κόσμῳ.

- 갈라디아서 6장 14절 -

내가 만든 십자가 내가 사랑하는 십자가

인 쇄 일	2024년 9월 9일
발 행 일	2024년 9월 10일
지 은 이	진창오
편 집	최미선, 박예랑, 이승희
펴 낸 곳	코람데오
등 록	제300-2009-169호
주 소	서울시 종로구 세종대로 23길 54, 1006호
전 화	02)2264-3650, 010-5415-3650
팩 스	02)2264-3652
E-mail	soho3650@naver.com

ISBN | 979-11-92191-36-2 03230
값 13,000원

※ 잘못된 책은 바꾸어 드립니다.

십자가의 은혜에 감격하고 싶으십니까!

내가 만든 십자가
내가 사랑하는 십자가

진창오 지음

코람데오

○ 들어가는 말

1. 내가 만든 십자가

　상쾌한 신맛, 달콤한 과일 향, 쓴맛 뒤에 느껴지는 감미로운 여운. 창밖으로 보이는 교회 화단의 아름드리 느티나무들, 꽃망울을 터뜨리며 미소짓는 배롱나무와 장미꽃들을 바라보며 마시는 아침 드립 커피 타임…. 「내 주를 가까이 하게 함은」 찬송이 십 년 넘게 커피 향과 함께 흘러나옵니다.
　"여보, 내가 십자가 만드는 이유를 뭐라고 생각해?"
　아내는 반짝이는 눈으로 나를 바라보며 이렇게 말합니다.
　"첫 번째, 당신이 좋아하는 행복한 일이고요.
　두 번째, 의미 있고 은혜가 되는 일이라 생각하고요.
　세 번째, 나누며 섬길 수 있어서지요."
　하나님이 부르시고, 이루어 오셨으며, 세밀하게 인도하심으로 여기까지 걸어온 42년의 목회자의 길…. 십자가 사랑에 감격하여 함께 달려온 40년 인생 동

반자 아내의 대답 속에 십자가를 만드는 이유가 모두 들어 있었습니다.

교회에서 마련해 준 20여 평의 십자가 공방에서는 다릅나무, 포도나무, 아까시나무, 가이즈카향나무, 느티나무 등 다양한 종류의 나무들이 나에게 손짓합니다.

「나 어느 날 꿈속을 헤매며」 찬송을 부르며 바닷가를 거닐고 있을 때 파도에 몸을 부딪치며 휩쓸려온, 짠물에 절여진 유목(流木)을 보는 순간, '아, 나를 위해 예비된 하나님의 선물이구나. 감사합니다. 주님.'

텃밭에 심어놓은 고춧대가 추운 한겨울을 견디며 단단해져 있는 걸 보며 '아, 이것은 십자가를 만들라고 준비해 주셨구나! 감사합니다. 주님.'

장모님이 쓰시다가 한쪽 구석에 둔 지팡이 청려장(靑藜杖)이 눈에 들어와 '이것으로 십자가를 만들어 보면 좋겠구나! 감사합니다. 주님.'

길바닥에 뒹굴던 시커멓게 탄 숯덩이 나무토막을 두 손 가득 숯을 묻히며 가져와 십자가를 만든 후 외친 말, "감사합니다. 주님."

전주 한옥마을에서 십자가 전시회를 열었을 때에 날카로운 가시가 온몸을 감싸고 있는 음나무 십자가 앞에서 두 눈에 눈물이 가득 고여 있던 어느 청년이 한 말, "이 십자가를 보고 있으니 주님이 가시에 찔려 고통당하시는 신음 소리가 들리는 것 같습니다."

그동안 만든 이천여 개의 십자가는 각각의 간증과 저의 기도가 담겨 있습니다.

2. 내가 사랑하는 십자가

"험한 십자가에 주가 흘린 피를 믿는 맘으로 바라보니
나를 용서하고 내 죄 사하시려 주가 흘리신 보혈이라"

곡조 붙은 기도인 이 찬양의 가사는 저의 신앙 고백입니다. 십자가의 은혜로 살아온 기적이었고 십자가의 사랑으로 살아갈 은혜입니다.

'너는 피 묻은 십자가를 만났느냐?'라는 질문은 매일 새벽 눈을 뜨면서부터입니다. 제가 섬기는 '꿈너머꿈교회' 교우들이 십자가를 목에 걸고 한 손으로 십자가를 손에 쥐고 한 손 높이 들어 찬양하는 거룩하고 아름다운 모습을 보는 행복에 그저 감사드릴 뿐입니다.

병원, 슈퍼, 서점, 시장, 식당, 도서관, 교회, 모임, 어디를 가든 저의 목에는 십자가 걸려 있습니다. 주님을 더 사랑하고 싶은 마음의 표현입니다.

시내 주차장 어느 차 윈도에 걸려 있던 내가 만든 십자가, 운전 중에 때때로 차를 세우고 기도하고 싶어 십자가를 싣고 다니는 사람, 한밤중 쉽게 잠을 이루지 못할 때 침대 맡의 십자가를 바라본다는 사람의 이야기, 임종을 앞두고 천국 가시는 집사님의 온기가 사라지기 전에 십자가를 손에 쥐어 드리자 평안히 눈을 감으시는 모습….

이러한 십자가를 나는 사랑할 수밖에 없으며 간증과 은혜의 역사가 담긴 십자가의 사랑을 널리 나누고 싶었습니다. 열방 모든 사람의 가슴에 피 묻은 십자가가 세워지고 이를 바라보는 이마다 구원과 축복의 역사가 일어날 수 있기를 소망하면서 십자가를 만들었습니다.

제가 그린 생태 세밀화 그림도 함께 감상하시면서 은혜의 문을 여시길 바랍니다.

이 책을 한 장씩 넘기는 소중한 분들에게 십자가의 감격과 은총이 넘치시길 빕니다. 샬롬, 샬롬!

꽃가지에 내리는 가는 빗소리 듣는 여름 아침
진 창 오

○ 목차

들어가는 말	4
십자가의 의미와 역사	10
1. 십자가가 완성될 때까지는	13
2. 십자가의 능력	17
3. 왜 십자가를 만드세요?	25
4. 첫 목회지에서 만든 십자가	27
5. 용담댐 강가에서의 눈물	29
6. 결혼 주례 십자가	31
7. 십자가를 손에 쥐고 자는 실비아 수녀님	33
8. 새벽 3시부터 만든 감귤나무 십자가	35
9. 이리제일교회의 사순절 새벽기도 십자가 선물	37
10. 십자가를 가지러 부산에서 달려온 목사님	39
11. 십자가의 보혈 흐르는 교회	41
12. 40도 찜통더위 컨테이너 안에서 만든 십자가	43
13. 작업복이 아닌 양복 입고 만든 십자가	45
14. 호주연합교회 남호주 시노드 회원들에게 걸어 준 십자가	47
15. 강력 접착제로 인한 2도 수포성 화상	49
16. 소록도에서 주워 온 향나무	51
17. 나는 브살렐이며 오홀리압입니다	53
18. 신령한 말씀의 젖을 먹고 자란 남전교회	55

19. 세월호 십자가	**57**
20. 예수님의 두 다리 형상이 드러난 십자가	**59**
21. 제주도 바닷가에서 주워 온 유목 십자가	**61**
22. 어떻게 고춧대로 십자가를 만들 생각을 했어요?	**63**
23. 내가 지고 가는 노간주나무 십자가	**65**
24. 바울선교센터 24시간 기도실에 걸고 온 십자가	**67**
25. 베다니집으로 간 십자가	**69**
26. 예수님 형상 조각을 만든 이유 ①	**71**
27. 예수님 형상 조각을 만든 이유 ②	**73**
28. CBS 전북 방송국과 앵두나무 십자가	**75**
29. 예수마을교회에서 흘린 눈물	**77**
30. 상처가 깊을수록 무늬도 아름다운 먹감나무 십자가	**79**
31. 십자가가 옷 입는 동백기름	**81**
32. 십자가의 길로 걸어가게 하소서!	**83**
33. 불타버린 숯 십자가	**85**
34. 전주 한옥마을 십자가 전시회	**87**
35. 십자가를 쥐고 꿈꾸며 달리는 부부	**89**

부록 '나에게 십자가란 무엇인가?' 사람들은 이렇게 고백했다	**90**
십자가 재료 나무 스토리	**94**

십자가의 의미와 역사

구약에서 '나무 위에 달다', 즉 십자가를 의미하는 것으로 'תָלָה עַל-עֵץ(탈라 알-에이츠)'라는 히브리어 표현이 있다. 히브리어로 '나무'를 'עֵץ(에이츠)'라 하는데, 이는 죽음과 관련하여 번제물을 나무 위에 놓고 태우는 데 이용된다(레 1:7-8, 12, 17; 왕상 17:10, 12). 여기서 번제물은 사람의 죄를 대속해 주는 구실을 한다. 동사 'תָלָה(탈라)'는 본래 '걸다, 매달다, 늘어뜨리다, 교살하다'라는 의미이다.

십자가 처형은 사람으로 하여금 자신의 몸과 마음에 죽음의 그림자를 최대한 서서히 드리우게 함으로써 죽음의 고통을 점진적으로 크게 가중시키는 형벌이었다.

영어로 'Cross', 헬라어로는 'σταυρός'이다. 영단어 'Cross'는 라틴어 'Crux'에서 유래되었다. 고통을 수반하는 사형의 형틀로써 예수 그리스도의 고난과 그의 대속(代贖)으로 특별한 상징적인 의미를 지니게 되었다.

십자가에 못 박는 형벌에 대한 기록은 헤로도토스의 역사(History) 가운데 나타나고 있는데, 페르시아인들 가운데 처음 시작된 것으로 기술하고 있다. 이것은 아마 앗수르인들의 '고정해서 죽이는 풍습'에서 유래된 듯하다. 후에 그리스에서 받아들여졌으며 카르타고로 전래된 후, 로마에까지 전달되어 노예나 비로마 시민을 위한 형틀로 사용되었다.

초기에는 단순한 하나의 기둥으로 범죄자를 묶거나 그곳에 고정했다. 이후 로마에서 기둥을 수평으로 놓음으로써 십자가의 형태를 갖추게 되었다. 그 수평 기둥은 수직 기둥의 맨 위에 놓여 T자 형태를 가지기도 했고, 맨 위에서 약간 아래에 놓여서 +자 형태를 가지기도 했다.

어떤 사람들은 죽기까지 여러 날 동안 십자가에서 고통을 당하기도 했다. 갈증이 심했으며, 몸의 무게로 인해 그 고통이 극심했다. 그들은 고열로 고통당했으며 온몸이 통증으로 인해 경련을 일으켰다. 때때로 사형수들의 죽음을 가속시키기 위해 그들의 뼈를 꺾기도 했다.

십자가에 못 박혀 죽게 될 죄수는 먼저 채찍질을 당하는 것이 관례였다. 십자가형을 집행할 때는 보통 십자가의 수직 기둥은 형장에 박아 두고 수평 막대를 그 처형 장소로 옮겨가게 했다. 이에 따라 예수님께서도 자신의 십자가를 지고 골고다로 나아가셨다(요 19:17).

형장에 도착하면 사형수의 옷을 벗긴 다음 팔을 벌려 수평대에 몸을 고정시켰다. 이때 팔을 끈으로 묶기도 하고 손바닥에 못을 박기도 했다. 예수님의 경우는 손목에 못을 박았다(눅 24:39; 요 20:20).

예수님의 십자가는 역사 속에 하나님의 구속 활동의 증표가 되었다. 예수님은 인간과 인간 사이의 십자가에 달리시어 이 세상을 구원하시고(고전 1:18) 극복할 수 없는 모든 장애를 깨뜨리셨다. 이로써 십자가는 인간이 그의 형제와 하나 되어 사는 것이 가능하다는 것과 예수님께서 인류를 위해 겪으셨던 고난과 수치, 겸비를 상징하게 되었다.

결론적으로 십자가에 나타난 상징적 의미는 구원(救援), 속죄(贖罪), 화해(和解), 희생(犧牲), 사명감당(使命堪當), 승리(勝利) 등을 나타낸다고 할 수 있다.

내가 만든 십자가 내가 사랑하는 십자가 | *12*

십자가가 완성될 때까지는

1. 기도
하나의 십자가는 누구의 손에 쥐어질지 모릅니다. 어느 곳에 놓여 누군가를 어떠한 은혜 속으로 이끌지 알 수 없습니다. 십자가의 은혜를 간절히 사모하는 사람에게 갈 수 있게 해달라고 늘 기도합니다.

2. 안전사고
많은 과정과 힘든 노력이 필요합니다. 밴드쏘, 톱, 핸드 그라인더, 망치, 끌, 조각칼, 드릴 등 연장을 사용할 때 위험 요소가 많습니다. 잘 사용하면 도구이지만, 조금이라도 방심하면 자칫 흉기가 될 수도 있습니다. 항상 위험에 노출되어 있기 때문에 피할 길과 지혜 주시기를 더욱 힘써 기도합니다.

3. 작업 준비
'기도 외에는 이러한 유가 나타날 수 없으며' 기도 없이 만드는 것은 상상하지 못합니다. 모자, 보호안경, 마스크, 방음 귀마개, 앞치마, 토시 등 작업 환경을 준비합니다.

4. 나무
주로 사용하는 나무는 가이즈카향나무, 꾸지뽕나무, 다릅나무, 대추나무, 감나무, 천 년쯤 된 느티나무(용목), 전나무, 히말라야시다 등 다양합니다. 다만, 3년 이상 그늘에서 말린 것을 사용합니다.

5. 십자가 종류
차 윈도용, 목걸이용, 탁상용, 강대상용, 벽걸이용, 핸드폰 걸이용, 팔찌용 등 다양합니다.

6. 작업 인원
대부분 진창오 목사 혼자 만들고 있으며 가죽끈, 사포질, 오일 마감 등은 아내가 돕기도 합니다.

7. 나무 구입
나무를 전문적으로 취급, 판매하는 가게나 인터넷에서 구입하며 여러 교회나 개인이 베어 놓은 나무를 기증받기도 합니다. 호수나 강, 바닷가에 떠밀려 온 유목(流木)을 구하여 사용하기도 합니다. 바닷가에 떠밀려 온 유목은 오랜 세월 짠물과 햇볕에 담금질되어 단단하고 좋습니다.

8. 오일
마감 오일은 거제도 학동에서 생산하는 토종 흰동백 오일을 사용합니다.

9. 만든 개수
지금까지(2024. 6. 기준) 만든 십자가는 천오백여 개, 나눔한 것이 천여 개입니다. 앞으로 강대상 벽걸이 십자가를 교회 및 단체에 더욱 많이 기증하여 섬기려고 합니다.

십자가의 능력

2017년 5월 18일 익산노회 제112회 1차 임시노회 설교
본문 : 고린도전서 1:18-25
진창오 목사(꿈너머꿈교회, 제112회 익산노회장)

이 복된 아침에 자랑스러운 한국기독교장로회 익산노회 70개 교회 위에 와 지교회를 섬기시는 사랑하는 목사님, 장로님들, 노회원 여러분들에게 하나님의 크신 사랑과 은혜가 함께하시기를 축원합니다.

설교가로서 명성을 남긴 19세기 영국의 목회자 찰스 스펄전(Charles Haddon Spurgeon, 1834~92) 목사님이 하루는 울고 있었습니다. 사모님이 물어봅니다. "왜 우세요? 안 좋은 일이라도 있으세요?" 그리고 그의 답, "아! 오늘은 슬프게도 십자가를 생각해도 감격이 없어."

하나님을 깊이 경험한 사람들의 공통점이 있습니다. 한결같이 예수 그리스도의 십자가의 사건을 감사, 감격하고 체험한 사람들이었습니다.

그리고 신약 성경의 압도적인 주제 역시 예수 그리스도의 십자가 고난입니다. 예수님이 체포되어 십자가에 못 박혀 죽으신 것은 불과 하루 사이에 일어난 사건이었지만, 네 복음서 중 열세 장에 걸쳐 생생하게 기록하며 증언하고 있습니다.

당시 고린도는 헬라의 한 도시로서 문화, 철학 등 인간 지혜의 최고조를 이루고 있었습니다. 그러다 보니 고린도 사람들은 십자가에서 돌아가시고, 부활하시고, 승천하신 예수 그리스도를 믿는 교회와 그리스도인들을 가볍게 여기고 있었던 것입니다. 이 세상의 그 어떠한 선행이나 공로나 능력이나 지혜로는 인간을 구원하지 못함을 우리는 믿습니다. 오직 십자가에서 피 흘려 돌아가신 우리 주 예수님을 통해서만 구원을 얻을 수 있음을 확실히 믿습니다.

첫 번째, 십자가의 능력은 하나님의 능력과 지혜입니다.

사도 바울은 훌륭한 유대 교육을 받았습니다. 그런데 다메섹 도상에서 예수 그리스도를 만나고 체험해 보니 지금까지 가지고 있었던 지식의 한계, 어리석음을 철저히 깨닫습니다. 그래서 고백합니다. "내가 아는 최고, 고상한 지식은 예수 그리스도를 아는 것이며 나의 평생 자랑은 오직 십자가뿐이라."

"저는 하나님 앞에서 죄인입니다. 하나님의 강권하시는 사랑을 뼛속 깊이 알았습니다. 십자가에 대한 경험으로 하나님의 큰 사랑을 깨닫게 되었습니다. 이토록 십자가 외에 자랑할 것이 없습니다!"라고 외쳤으나, 고린도 사람들은 십자가를 전혀 자랑거리로 여기지 않았습니다. 그들의 믿음과 삶 중심에 체험적인 십자가가 세워지지 못했기 때문이었습니다. 죄와 죽음과 저주의 노예에서 십자가의 은혜와 십자가의 보혈로 자유롭게 하셨음을 믿을 때 우리는 하나님의 능력과 지혜를 찬양할 수 있습니다.

두 번째, 십자가의 능력은 인간의 지식과 이성을 초월합니다.

십자가의 도가 멸망하는 자들에게는 어리석고 미련하게 보입니다. 그래서 그들은 십자가의 도, 예수 그리스도 구원의 은혜를 믿지 않고 외면하고 배척한 것이었습니다. 그러나 구원받은 우리들에게 십자가의 도는 위대한 하나님의 사랑임을 믿고 고백합니다. 하나님의 능력입니다. 하나님의 지혜입니다. 아멘.

천만 번 죽어 마땅한 죄인들에게 예수 그리스도의 십자가 사건을 통해 우리에게는 산 소망이 생겼습니다. 영생, 부활, 천국의 소망이 분명코 주어진 것입니다. 하나님께 영광을 올려드립니다.

사랑하는 익산 노회원 여러분, 피로 물들어 지금도 말씀하고 계시는 예수 그리스도의 십자가를 온 마음과 영혼으로 느껴 십자가 외에는 결코 자랑할 것이 없다 고백하며 살아가시기를 축원합니다. 십자가의 은혜와 감격으로

내가 만든 십자가 내가 사랑하는 십자가 | 20

일 년 동안 주어진 노회장의 직책을 충성스럽게 감당할 수 있도록 기도해 주시길 바랍니다.

하나님의 능력과 지혜이신 예수 그리스도, 십자가를 만나고 그 감격으로 사셨던 한 분을 소개하겠습니다. 월간지『신앙계』의 2016년 3월호에 소개된 존경하는 우리 교단 목사님이십니다. 누구인지 알아맞혀 보시겠습니까?

. 한국 교회 대표적인 지성인으로 꼽히시는 분입니다.
. 독일 튀빙겐 대학에서 학위를 받으신 분입니다.
. 14년간 W.C.C. 세계교회협의회 중앙위원으로 활동하신 분입니다.
. 한반도 통일과 남북 화해운동에 주력하시는 분입니다.
. 자랑스러운 한국기독교장로회 교단 총무를 역임하셨습니다.
. 한신대학교 교수이셨고, 경동교회 원로목사님이십니다.

3대째 목사가 되어 주의 길을 걷고 계신 바로 박종화 목사님이십니다. 목사님은 살아있는 '생활 속 신앙'을 어머니의 종아리로부터 배웠다고 간증합니다. 장공 김재준 목사님이 외치셨던 "생활로 믿는다. 믿음을 생활화한다."의 생활 신앙 정신과 같은 것이었습니다.

박종화 소년이 초등학교 6학년이던 시절, 여느 남자아이들처럼 한창 딱지치기 놀이를 좋아했습니다. 어느 날, 집 안에서 딱지 만들기에 안성맞춤인 책 한 권을 발견했습니다. 그런데 뜯어 딱지를 만들고 보니 아버지가 평소에 읽고 계시던 책이었습니다. 혼날까 봐 두려워서 뜯은 책을 장롱 밑에 숨겨두고 책의 행방을 묻는 아버지께 모른다고 거짓말을 했습니다. 하지만 어머니가 청소하시다가 뜯긴 책과 딱지를 발견하셨습니다.

어머니는 혼나야겠다며 밖에서 싸리나무 가지를 꺾어 오셨습니다. 종아리를 걷고 눈을 질끈 감고 있는 박종화 소년, 그리고 그의 귀에 들려오는 철썩철썩 회초리 소리. 아, 그것은 바로 어머니가 어머니 자신의 종아리를 사정없이 내리치는 소리였습니다. 그것도 사고로 다쳐 절게 된 아픈 다리를 스스로

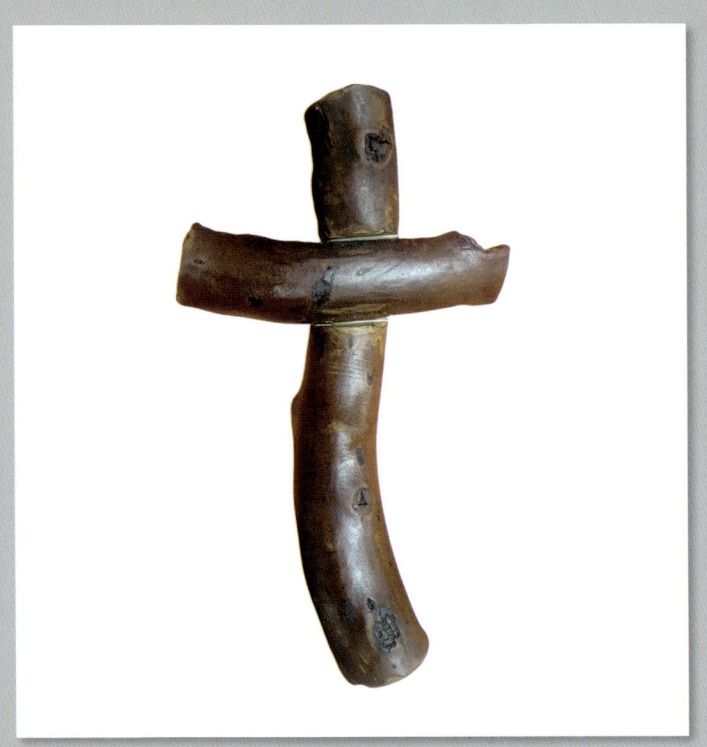

내가 만든 십자가 내가 사랑하는 십자가 | 22

때리고 계셨던 것입니다. 어머니의 종아리에서 피가 흘렀습니다.

"눈물만 뚝뚝 흘리고 있는 저에게 어머니가 그러셨어요. '네 대신 내가 형벌을 받았으니 너는 착한 사람이 되어라. 이것이 십자가의 복음이다.'라고요. 그 사건이 지금도 잊히지 않습니다. 어머니의 희생을 통해 저 대신 죗값을 치르며 흘리신 예수 그리스도의 십자가 보혈을 경험한 것입니다."

그렇게 하여 예수 그리스도의 십자가 사건이 열세 살 소년, 박종화 목사님의 심장에 뿌리 깊이 박히게 된 것입니다.

세 번째, 피 묻은 십자가를 만나야 합니다.

빅터 프랭클(Viktor Emil Frankl, 오스트리아, 1905~97)은 『죽음의 수용소에서』를 썼습니다. 나치 강제 수용소에서 생사를 넘나드는 잔인한 고난의 가시밭길을 걸어가면서도 그는 삶의 의미를 잃지 않았기에 참고 견딜 수 있었습니다.

피 묻은 예수 그리스도의 십자가를 만나고, 내 가슴에 십자가를 세울 때 살아갈 의미와 소망이 생깁니다. 진정 이 은혜가 있어야만 살아있다 할 수 있습니다.

십자가의 구속하신 은혜로 구원의 은총을 베푸사 구원받은 우리에게 십자가의 도가 하나님의 능력으로 역사하시기를 축원합니다. 날마다 때마다 십자가의 능력으로, 십자가의 복음으로 감사, 감격하여 그 은혜의 힘으로 승리하며 살아갈 수 있기를 바랍니다! 아멘.

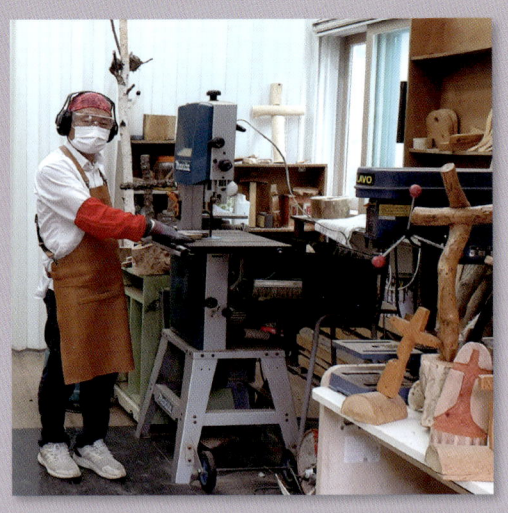

왜 십자가를 만드세요?

　종종 듣는 질문입니다. 평창에서 김연아 선수의 사인이 적힌 피겨 스케이트화를 본 적이 있습니다. 그녀는 금메달에 목숨을 걸었을까요? 물론 피나는 노력이 있었겠지요. 하지만 피겨 스케이팅이 좋아서 한 일이고, 하다 보니 금메달이 선물로 온 것 아닐까요?
　좋아하는 일을 하면 지치지 않습니다. 그 시간과 일이 즐겁고 행복합니다. 시간 가는 줄 모릅니다. 공허함은 충만한 경험과 의미가 없을 때 생길 수 있는 것 아닐까요? 결과주의, 목적주의, 성과주의에 빠지면 충만함이 따르지 못합니다.
　십자가를 만드는 과정이 은혜가 되고 행복합니다. 십자가를 만들면서 누구와 무엇을 생각할까요? 당연히 십자가를 지신 예수님, 나의 구세주입니다.
　지혜 주시고 안전사고 없게 해달라고 기도드려야 하니 얼마나 감사합니까? 만드는 시간만큼은 온전한 몰입과 집중력으로 몰두하게 되고 십자가의 은혜를 더욱 사모하게 되니 감격스럽지요.
　십자가를 만들 때 먼지를 흠뻑 마시게 되고 피곤할 때도 있지만, 오히려 주님께서 영과 혼을 어루만져 주시는 축복을 받습니다. 한 개를 만들 때 모든 재능, 정성, 힘을 쏟아붓다 보면 작업에 소요되는 몇 시간이 몇 분처럼 느껴집니다.
　십자가를 만드는 시간은 최고치의 경험을 하는 시간입니다. 은혜를 가득 차게 경험하며 온 마음으로 사는 시간입니다. 천국이 마음속에 충만하게 이루어지는 시간이기 때문입니다. 어떠한 업적이나 목적을 위한 것이 아니라 그냥 좋아서, 행복해서 십자가를 만듭니다. 놀랍게도 십자가를 만들어 놓으면 꼭 때가 되어 필요한 사람과 교회가 찾아옵니다.

내가 만든 십자가 내가 사랑하는 십자가 | *26*

첫 목회지에서 만든 십자가

열두 평이 되는 저의 서재는 지식, 지혜, 사유의 숲속과 같습니다. 목사는 책과 함께 삽니다. 주님과 함께 삽니다. 저의 서재에는 책이 있고, 십자가가 걸려 있습니다.

지금으로부터 42년 전, 1982년 5월에 주소 하나를 손에 쥐고 찾아간 곳은 전북 임실군의 길 없는 마을 용운리였습니다. 초가집 지붕에 십자가를 세워 놓은 섬 교회가 바로 용운교회였습니다. 첫 목회지로 부름을 받아 간 곳입니다. 그때는 운암면 막은댐에서 배를 타고 50분 정도를 가야만 했던, 참으로 아름다운 옥정호와 붕어섬이 바로 코앞에 보이던 곳입니다.

한신대학교 1학년, 27살의 총각이었습니다. 토요일 교회에 왔다가 예배를 인도하고 월요일 다시 서울로 올라가야 했는데, 이 몸 하나 어디 누일 곳이 없었습니다.

마을 청년들의 도움으로 네댓 평 되는 작은 방을 하나 만들어 놓고 솔가지를 주워 군불을 때야 했습니다. 뒷산에 올라가 보니 소나무 가지가 땅에 떨어져 있었으니 그 나무로 방에 걸어 놓을 십자가를 만들었습니다. 어쩌면 내 손으로 만든 최초의 나무 십자가일 것입니다.

그 뒤 세월이 흘러 지어 놓은 허름한 흙집은 무너졌고 사람들은 하나둘 고향을 떠나 안타깝게도 지금은 목회자가 없는 비어 있는 교회로 남아 있습니다. 무너진 사택에서 겨우 건진 것은 십자가 하나뿐입니다. 그 십자가를 가져와 나의 서재에 걸어 놓게 된 것입니다.

책상 정면에 걸려 있는 1미터 되는 십자가를 바라봅니다. 주님은 십자가에서 말씀하시는 것 같습니다. '내가 너를 사랑하노라. 너의 십자가를 지고 나를 따르라.' 곧이어 나의 입에서 찬송이 흘러나옵니다.

> "최후 승리를 얻기까지 주의 십자가 사랑하리 빛난 면류관 받기까지
> 험한 십자가 붙들겠네"

용담댐 강가에서의 눈물

　여름 가족 휴가로 충북 괴산에 갔습니다. 유하교회에 시무하시는 최성욱 목사님 교회를 방문하니 두 딸의 웃음소리가 반겨주었습니다. 곧 그곳으로 나를 이끌어 주신 하나님의 뜻이 있으셨음을 알게 되었습니다. 교육관에 십자가가 보이지 않았습니다. 마음이 뜨겁게 움직여 십자가를 만들어 드리겠노라 약속을 했습니다.

　주어진 과제는 나무였습니다. 나무의 종류는 수없이 많지만, 성령님의 감동으로 마음이 움직일 때까지 기다립니다. 3개월간을 새벽마다 기도했고 "이 나무이다."라는 하나님의 사인이 있기를 기다렸습니다.

　그러던 어느 날, 진안 용담댐 강변을 거닐게 되었습니다. 그날따라 새벽 물안개가 뿌옇게 서려, 마치 신비의 나라에 온 것 같았습니다. 안개 사이로 마치 손을 들고 있는 것 같은 한 나무가 어렴풋이 보였습니다. 사람이 팔을 벌려 손님을 맞는 것 같은 모양이라 '영객송'으로 불리는 중국 황산의 소나무처럼 말입니다.

　주먹만 한 나의 심장에서 쿵쾅거리는 소리가 들릴 정도였습니다. '아, 바로 이 나무이구나.' 2001년에 완공된 용담댐과 용담호는 68개 마을이 수몰되어 1만 2천여 명이 조상 대대로 정든 고향의 문전옥답을 버리고 떠나게 되었습니다. 어쩌면 이 나무는 어느 집 마당에서 사랑받고 자랐던 나무였는지 모릅니다.

　'하나님께서 여기에 준비해 놓으셨군요.' 감사의 눈물이 용담댐 강가에 떨어졌습니다. 그렇게 만들어진 유하교회 교육관의 십자가는 보배 같은 성도들의 마음속에 피 묻은 십자가로 세워져 가고 있습니다.

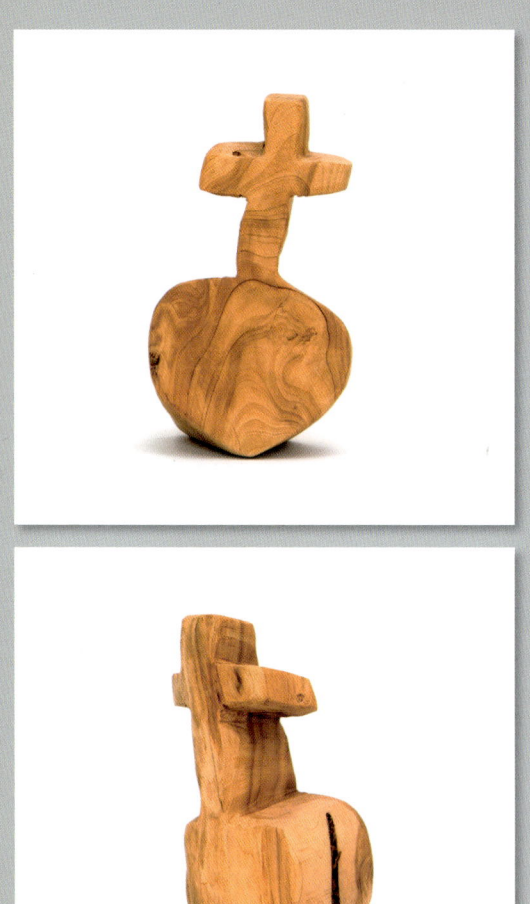

결혼 주례 십자가

　세상에 태어나 가장 잘한 일 세 가지를 꼽으면 무엇이냐고 자신에게 물어볼 때가 있습니다. 첫 번째는 예수 믿고 구원받은 은혜입니다. 두 번째는 김경희와 결혼한 일입니다. 세 번째는 두 아들을 낳은 것입니다. 그리고 여기에 더욱 감사한 일은 두 며늘아기가 우리 가족이 된 것입니다.
　큰아들 결혼식 주례를 맡기로 했습니다. 서재에 일렬로 걸어 놓은 이십여 개의 십자가는 외출할 때, 예배드리러 갈 때 교대로 목에 걸고 나갑니다. 십자가들을 우두커니 쳐다보고 있었습니다. 마음에 들려오는 음성이, '사랑의 십자가'를 결혼 기념으로 만들라는 것이었습니다. 하나는 주례할 때 필요하고 또 하나는 사부인께 선물로 드리고 싶었습니다. 십자가와 하트 모양을 동시에 갖춘 형태입니다.
　십자가 공방으로 들어가는 발걸음이 신났습니다. 조금 비싸게 구입해 온 용목(약 800~1,000년 된 느티나무)을 사용했는데, 옹이 부분의 눈부시게 아름다운 꽃 모양과 물결 모양의 모습은 볼수록 놀랍습니다. 나뭇가지가 떨어져 나가면서 생긴 옹이, 즉 상처입니다.
　나무가 자기 몸의 상처를 치유하기 위해 물질을 뿜어내고 오랜 세월 견디어 내며 아문 상처의 자연스러운 흔적입니다. 상처(傷處)를 예술로 승화, 의미화(意味化)시킨 것입니다.
　나무를 재단하고, 사포질하고, 동백기름을 칠하여 거의 똑같은 십자가 두 개를 만들었습니다. 우리나라에는 천 년을 넘게 살아온 느티나무가 무려 20여 그루 있습니다. 한여름 낮에 갓난아이를 재우려면 느티나무 그늘에 두라고도 했습니다.
　십자가를 만들며 천 년 동안을 사랑한다 해도 사랑하고 싶은 아들과 며늘아기가 되기를 기도하면서 모든 것이 주님의 은혜였음을 오직 감사로 고백했습니다.

십자가를 손에 쥐고 자는
실비아 수녀님

    100일 정도의 짧은 시간, 몇 번의 만남과 식사를 함께한 실비아 수녀님…. 고등학교 시절, 천주교를 이해하고 싶은 열린 마음으로 전주중앙성당 미사에 종종 참석했습니다. 성당에서 흘러나오는 은은한 전자 오르간 소리가 듣기 좋았습니다.
    실비아 수녀님은 깊은 산속 풀끝에 맺혀 있는 새벽 이슬방울 같은 분이셨습니다. 한 번 대화의 문이 열리면 많은 이야기보따리를 풀어 놓으셨습니다. 나에게 자연을 닮은 순수한 소년 같다고 칭찬해 주시기도 했습니다.
    역시 그분도 예쁜 영혼이셨습니다. 얘기하면서 많이 우시던 모습이 아직도 기억에 생생합니다. 십자가를 하나 만들어 달라고 부탁하셔서 손에 쥘 정도의 크기로 가이즈카향나무 십자가를 만들어 드렸습니다.
    그러던 어느 날, 부러진 십자가를 들고 오셔서 말씀하셨습니다. "십자가를 손에 꼭 쥐고 자다가 무의식에 깨어 '주님 저를 긍휼히 여기소서. 저를 긍휼히 여기소서.' 기도했는데, 너무 세게 쥐었는지 부러지고 말았어요. 다시 십자가를 만들어 주세요." 십자가가 부러진 뒤 일주일 동안은 스카치테이프로 붙여서 쥐고 잤다는 말을 덧붙여 주셨습니다.
    십자가를 다시 만들어 드린 후, 어느 가을이 들어서는 날 수녀님께서는 홀연히 봉쇄 수도원으로 들어가셨습니다. 노란색 민들레가 그려진 작은 손편지 한 장을 남기고….

"✝그리스도의 사랑, 예수님으로 인해 만나서 풍요로웠습니다.
건강하시고 행복한 지상낙원 생활하시다 천국에서 만나요.
2017. 9. 15. 실비아 수녀 드림"

내가 만든 십자가 내가 사랑하는 십자가 | *34*

새벽 3시부터 만든 감귤나무 십자가

"내가 달려갈 길과 주 예수께 받은 사명
곧 하나님의 은혜의 복음을 증언하는 일을 마치려 함에는
나의 생명조차 조금도 귀한 것으로 여기지 아니하노라."(행 20:24)

사도 바울의 고백은 나의 존재 이유이기도 합니다.

백 가지 죽을 이유가 있다고 해도 살아야 할 한 가지 이유는 목회자로 부름받은 것입니다. 친구인 원불교 교무님이 내게 묻더군요.

"목사님은 두 번 다시 태어난다 해도 목사를 하겠어요?"

"그럼요. 두 번이 아니라 열 번을 다시 태어나도 목사 할 겁니다."

"왜요?" 하고 묻기에 "목회하는 일보다 더 큰 축복과 행복은 없다고 생각하니까요."라고 답한 적이 있습니다.

어언 40여 년의 세월 동안 하나님께서 부족한 저를 써 오셨습니다. 마른 막대기와 같은 나를 말입니다. 내가 한 것이 아니라 할 수 있게 하심이요, 결국은 하나님이 하신 일임을 고백합니다. 십자가의 은혜로 말입니다.

제주에서 군산으로 돌아올 예정이었던 비행기가 폭설과 강풍으로 결항되면서 성탄절 예배를 제주도에서 드릴 수밖에 없는 상황을 만났습니다. 성탄절 예배를 타지에서 드려보기는 목회 40년 만에 처음 있는 일이었습니다. 기상 소식을 접한 금요일, 민박집 방에서 소리 없이 눈물만 흘리고 있었습니다. 교우들에게 미안한 마음에 밤새 잠을 이룰 수 없었습니다.

새벽 3시, 연장이라고는 톱도 없고 달랑 부엌칼 하나뿐이었지만, 낮에 감귤밭에서 주워 온 나무로 십자가를 만들기 시작했습니다. 생각보다 감귤나무는 단단했고 속이 예뻤습니다. 끝내 십자가를 완성해 목에 걸었습니다. 세상에 하나밖에 없는 감귤나무 십자가가 피 묻은 십자가로 내 마음에 세워졌습니다.

이리제일교회의
사순절 새벽기도 십자가 선물

이리제일교회는 1921년에 설립된 곳으로, 현재는 문희석 목사님께서 담임하고 계십니다. 문 목사님을 생각하면 늘 떠오르는 성경 구절이 있습니다.

"이 사람 모세는 온유함이 지면의 모든 사람보다 더하더라."(민 12:3)

책 『긍정의 힘』을 쓴 조엘 오스틴(Joel Osteen, 미국, 1963~) 목사님 별명이 웃는 목사인데, 문 목사님이 그렇습니다. 사순절 새벽기도에 참여한 교우들에게 줄 선물로 십자가보다 좋은 것이 없겠다며 십자가 제작을 부탁받았습니다. 하지만 요청받은 110개의 십자가를 일주일 안에 만들기엔 시간이 역부족이었습니다. 문 목사님과 허영수 원로장로님, 부목사님들이 오셔서 사포질과 오일링, 끈 묶는 일을 거들어 주셔서 모두 완성할 수 있었습니다.

똑같은 종류의 나무는 있어도 크기와 모양, 특징은 모두 다릅니다. 성도들이 목에 걸고 감사하고 기뻐하며, 우리 주님 생각에 잠길 것을 바라면서 기대하고, 기도하고, 기다리면서 만드는 축복의 시간이었습니다.

사순절 새벽기도를 마치는 날이었습니다. 몇 분의 교인들이 기도를 하루 빠지는 바람에 십자가를 받지 못하게 되었습니다. 그렇게 되자 집사님 한 분이 그 자리에서 어린아이처럼 울어버리고 말았답니다. 딱 하루 빠져 십자가 선물을 받지 못하게 된 것이 무척 아쉬웠나 봅니다.

담임목사님으로부터 다시 부탁받아 10개를 추가로 만들어 드렸습니다. 그 얘기를 듣고 보니 일주일 동안 쌓인 피곤이 싹 가시는 듯했습니다.

"그러나 내게는 우리 주 예수 그리스도의 십자가 외에
결코 자랑할 것이 없으니…"

갈라디아서 6장 14절 말씀이 더욱 깊은 은혜로 다가왔습니다.

십자가를 가지러
부산에서 달려온 목사님

익산에서 부산까지는 왕복 420킬로미터로 굉장히 먼 거리입니다. 한 번도 뵌 적 없는 목사님이 어떻게 아셨는지, 교회 강대상에 걸어 둘 십자가를 의뢰해 오셨습니다. 성악 전공, 아트테인먼트 지영호 목사님입니다.

교회에 십자가를 기증해 드리는 대신 부탁을 하나 드렸습니다. 작곡가 나운영(1922~93) 장로님의 곡, 「여호와는 나의 목자시니」 찬양을 피아노 연주와 함께 들려 달라고 했습니다. 청중은 나와 아내뿐이었지만, 성령님의 충만한 기름 부으심을 느꼈습니다. 교회당에 가득히 흐르는 찬양의 은혜는 여느 콘서트 못지않게 은혜로운 시간이었습니다. 일어서서 손바닥이 아플 정도로 박수를 쳤습니다.

찬양을 마친 지 목사님의 눈에 눈물이 고여 있는 것을 보았습니다. '아, 이래서 먼 이곳까지 달려오게 하셨구나.' 이 곡 「여호와는 나의 목자시니」는 40년 전, 나의 결혼식에서 성가대가 불러준 곡이었습니다. 꼭 다시 듣고 싶은 찬양이었습니다. 하나님께서 내 마음을 아시고 부산에서 달려오게 하셨나 봅니다.

선물해 드린 십자가는 보면 볼수록 십자가에 달리신 예수님과 골고다 언덕을 생각나게 하는 깊은 메시지가 담긴 십자가입니다.

"험한 십자가에 / 주가 흘린 피를 / 믿는 맘으로 바라보니
나를 용서하고 / 내 죄 사하시려 / 주가 흘리신 보혈이라"

아멘!

십자가의 보혈 흐르는 교회

1. 구주예수 우리주님 나를위해 죽으셨고 　십자가의 흘린피로 구원하신 그사랑에
  감사감격 눈물흘려 벅찬가슴 바다되네 　사랑하는 나의주님 받으소서 받으소서
2. 어찌보답 하오리까 받은은혜 받은사랑 　숨쉬는것 순간순간 기적이고 축복이라
  승리의삶 임마누엘 주가함께 하시오니 　머리에서 발끝까지 오직주님 오직믿음
3. 천국가는 그날까지 제물되어 드립니다 　몸된제단 엎드리어 눈물로써 기도하며
  사는것도 천국이요 죽는것도 천국이니 　주님위해 사는것이 내평생에 소원이라
4. 여기까지 인도하심 하나님의 손길이요 　구름기둥 불기둥이 인생여정 밝히리라
  십자가를 부여잡고 주님따라 걸으리니 　축복의길 생명의길 성령충만 하렵니다
5. 하늘문이 열리는곳 기도응답 역사하고 　송이꿀이 흐르는곳 말씀의떡 나옵니다
  생명수로 마음적셔 내영혼을 덮는처소 　감사해요 우리주님 나의잔이 넘칩니다
6. 하나님의 눈과귀가 주목하는 교회이니 　축복의샘 흘러나와 천대만대 이어지네
  구원받은 백성들이 체험하는 주님사랑 　감사찬양 입술모아 주께찬양 드립니다
7. 아버지여 아버지여 내게힘을 주옵소서 　십자가를 등에지고 주와함께 가렵니다
  몸과마음 다바쳐서 주님위해 살렵니다 　내모든것 주님의것 오직순종 하렵니다
8. 생명나무 열두그루 사시사철 열매있어 　이곳으로 오는사람 천국잔치 참여하네
  어디에서 맛을볼까 천국의맛 여기있어 　살아가는 힘과능력 공급받는 저수지라
9. 주님은총 받은영혼 할렐루야 춤을추네 　우리가정 자녀후손 이백성이 복을받고
  우리모두 이루는곳 지상천국 만드는곳 　우리모두 꿈꾸는곳 하늘소망 이루는곳
10. 하나님이 세우시고 하나님이 이뤄가실 　반석위에 세운교회 십자가의 보혈흘러
  주님영광 넘치리라 영원토록 빛나리라 　받으소서 모든영광 하나님께 돌립니다.

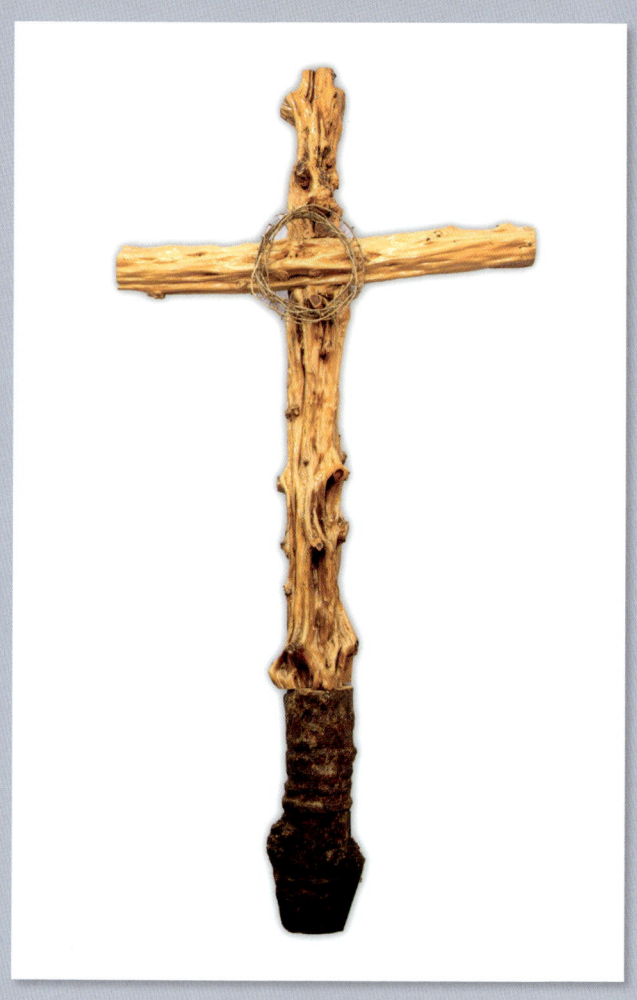

40도 찜통더위
컨테이너 안에서 만든 십자가

　첫 번째 성전 건축을 할 때 울 기력이 없을 만큼 힘겨운 고난의 터널을 지나야 했습니다. 고혈압 약을 아침저녁으로 여섯 알씩 먹어야 했고, 그 많던 머리숱이 반절 정도 빠져버렸습니다. 하지만 시련 가운데에서 불같이 연단받은 후에 정금 같이 나온다는 말씀을 소망으로 삼으며 이것 또한 하나님이 주신 선물이라 생각했습니다. 대지 770평 중 성전 360평을 건축해야 하는데, 땅 매입 후 1억 원의 빚이 있을 때 시작했으니 험산 준령을 수없이 넘어야 했습니다.
　천국 가신 어머니께서 남겨주신 유산으로 개척하게 하셨으나, 처음부터 공동명의로 교회 등기를 내도록 마음 주신 주님께 감사드렸습니다.
　두 번째 건축을 진행할 때에 강대상 십자가는 내가 만들고 싶었습니다. 교회 조경을 하신 김재인 장로님께 50년 된 가이즈카향나무를 기증받았습니다. 현장 사무소로 사용하던 컨테이너 안에서 껍질을 벗기고 다듬기 시작했습니다. 직영 공사였기에 무거운 짐을 지고 다니다 보니 허리 협착증까지 생겨 매우 고통스러웠습니다. 냉방이 전혀 되지 않는 컨테이너 안에서의 작업은 숨이 막힐 정도였습니다.
　비 오듯 흐르는 땀을 닦으며 나무를 다듬는 시간은 내 영혼이 춤을 추는 듯했습니다. 나무에 눈물과 땀, 정성이 배어들어 더욱더 소중하게 보였을 것입니다. 한 달 정도의 작업 끝에 길이 2미터 30센티미터, 폭 70센티미터짜리 십자가를 강대상에 세울 수 있게 되었습니다.
　십 년이 지난 지금, 새벽 강단에 앉아 십자가를 바라볼 때면 그때 흘렸던 땀과 눈물은 우리 주님이 나를 위해 흘리신 눈물, 땀, 보혈의 천만 분의 일도 안 될 것이라는 생각을 하며 또다시 감사를 올려드립니다.

작업복이 아닌
양복 입고 만든 십자가

　주일 낮 예배를 마친 후, 공동 식사를 하고 나서였습니다. 나의 의지라기보다 주님의 이끄심이었습니다. 십자가 공방으로 내 발걸음이 옮겨간 것입니다. 일분일초라도 하나님의 뜻 안에서 헛되고 무의미한 시간은 없다고 믿습니다. 모든 일 속에 계획하심과 섭리가 있어 앞서 행하시는 하나님께서 크고 은밀한 일을 이루어 가심을 믿습니다.
　어쩌면 꼭 그 시간에 만들어야 할 십자가가 있었나 봅니다. 이전에 상자에 던져 놓았던 나무토막에 눈길이 갔습니다. 제작에 사용하고 난 뒤 버린 자투리였습니다.
　그 나무를 가져다 자르고, 핸드 그라인더로 다듬고, 사포질하는 사이에 많은 톱밥과 먼지가 몸에 덮였습니다. 예배를 마친 후에 양복을 벗지 않은 채로 공방에 들어왔기 때문입니다. 양복이야 세탁하면 되고, 먼저 성령님의 감동에 민감하게 순종하는 것이 옳다고 생각했습니다.
　그렇게 두어 시간이 흘렀습니다. 비둘기처럼 고요하게 찾아오는 마음의 평화와 감사는 바로 이럴 때쯤입니다.

"평화 평화 하나님 주신 선물 / 그 놀라운 주의 평화 / 하나님 선물일세"

　십자가 공방에서 부르는 찬양이 마르지 않는 샘물처럼 솟아 나왔습니다.
　시간과 공간이 정지된 것 같은 순간 속에서 온전히 몰입한 시간이었습니다. 십자가를 만들고 버린 나무를 다시 주워 또 다른 십자가를 만든 시간…. 만들어 놓고 보니 '보기에 참 좋았더라.'입니다.
　그날 주일 낮 예배 설교 제목이 "믿음의 달음박질"이었으니 십자가 공방에서 두 시간 동안 믿음의 달음박질을 다시 한 번 재현한 것이었습니다.

호주연합교회 남호주
시노드 회원들에게 걸어 준 십자가

오랫동안 익산노회와 선교 협약을 맺고 파트너십을 이어오고 있는 남호주 시노드 증경 총회장이신 Sue Ellis 목사님과 임원 9명이 꿈너머꿈교회를 방문했습니다.

"십자가 만드는 목사라고 소문 듣고 왔다."라는 말에 주님께 영광 돌렸습니다. 하루 전에 연락을 받고 십자가를 만들기 시작했습니다. 물론 만들어 놓은 십자가가 많이 있지만, 이분들께 드릴 선물은 따로 만들고 싶었습니다.

십자가를 만드는 과정과 공방을 소개해 드린 후, '나에게 십자가란 무엇인가?' 묻는 질문지에 본인들의 고백을 적어보는 시간을 드렸습니다. '천국을 보게 하는 눈이다.', '사람을 이어주는 다리이다.', '고백이며 선포이다.', '하늘의 메시지이다.' 등 저마다의 고백을 기록해 주셨습니다.

이전에 출간한 저서 4종을 기증해 드렸더니 호주 도서관에 비치될 것이라고 했습니다. 주님의 일은 헛됨이 없습니다.

손님들이 떠난 후, 화단을 한 바퀴 돌다가 깜짝 놀랐습니다. 그동안 지나쳤던 죽은 단풍나무 아래에 느타리버섯이 축구공만큼 모여 자라고 있는 것입니다. 두 바가지를 땄습니다.

느타리버섯은 봄가을에 활엽수 등의 고사목, 절주목 또는 그루터기에 군생하며 다발로 발생합니다. 조직이 비교적 두꺼우며 유연하고 탄력성이 있어 맛과 향기가 부드럽고 씹을 때 감촉이 매우 좋은 이 버섯을 하나님께서 준비해 주신 것입니다.

기념촬영을 할 때 열 명이 넘는 사람들이 목에 십자가를 걸고 어린아이처럼 기뻐하는 모습을 보니 아, 이보다 더한 보람과 행복이 어디 있을까요!

내가 만든 십자가 내가 사랑하는 십자가 | *48*

강력 접착제로 인한
2도 수포성 화상

한 개척교회가 상가를 매입하여 이전하게 되었다는 소식을 들었습니다. 나방환 목사님께서 개척 설립한 '예수비전교회'입니다. 교회 개척 후, 십여 년 만에 이루어진 일이니 그동안 얼마나 애를 많이 쓰셨고 감격스러우실지 생각했습니다. 교회에 강대상 십자가를 만들어 기증하고 싶었습니다.

화단에 있던 가이즈카향나무를 베어 그늘에서 말려 놓은 지 몇 년 된 것이 있었습니다. 이 나무는 상록수 침엽 교목으로, 전지할 때의 진한 향은 마치 몸과 마음을 힐링해 주는 것 같습니다. 단단하지만 속은 마치 보혈이 흐르는 듯한 물결을 이루고 있습니다. 반듯한 나무보다는 휘어 있는 나무가 더 강력한 메시지를 던져 줄 때가 있습니다. 준비된 나무였습니다.

나무를 자르고, 다듬고, 홈을 파 미세한 톱밥을 넣습니다. 핀으로 고정한 다음 돌을 붙일 때 사용하는 강력 접착제로 완성합니다. 그런데 이때 접착제 한 방울이 왼쪽 검지손가락에 떨어지고 말았습니다. 순간이었습니다. 장갑이 타들어 가면서 얼마나 고통스러운지 "악!" 소리를 질렀습니다. 눈에서 갑자기 별이 반짝이는 것 같았습니다.

2도 수포성에서 3도 괴사성 직전까지 화상을 입은 것입니다. 그 뒤로 한 달간 병원에 다니며 치료를 받았습니다. 더 큰 부상을 예방하기 위한 신호였다고 생각하니 감사했습니다.

반석 위에 세워진 교회에 십자가의 보혈 흘러 큰 부흥을 이루게 하소서. 아멘.

내가 만든 십자가 내가 사랑하는 십자가 | **50**

소록도에서 주워 온 향나무

하나님이 만드신 창조세계에서는 그 어느 것 하나 쓸모없는 것이 없습니다. 대성교회 유영춘 원로목사님께서 가이즈카향나무 하나를 선물로 주셨습니다. 뒹굴어 다니는 나무를 보는 순간, '십자가를 만드는 진창오 목사에게 갖다 주면 좋겠다.'라는 생각이 드셨답니다. 천사의 섬 소록도에서 주워 온 것이라 하셨습니다. 70센티미터 정도 되는 크기였습니다.

소록도는 2008년, 1,160미터의 소록대교 개통 전까지만 해도 배를 타고 들어갔던 한과 애환이 서린 섬이었습니다. 섬의 모양이 사슴을 닮았다 하여 이름 붙인 전남 고흥 소록도는 일제 강점기에 한센병 환자 6,000여 명을 강제로 격리했던 섬입니다. 너무도 아름다운 섬이면서 아픔과 슬픔이 배인 땅입니다.

이 나무는 그곳에서 숨을 쉬며, 눈보라와 비바람을 맞으며 성장했을 것입니다. 곤충들이 수없이 갉아먹은 작은 구멍들은 마치 밤하늘의 초록별이 빼곡하게 박혀 있는 듯한 느낌을 주었습니다.

십자가를 만들어 놓고 보니 마치 하늘로 승천하는 예수님이 연상되었습니다. 금방이라도 베토벤의 교향곡 9번 합창「환희의 송가」가 울려 퍼질 것만 같았습니다.

만든 십자가를 교회 강대상 오른쪽에 걸어 두었습니다. 왼쪽이 갈보리 언덕 위의 십자가라면, 오른쪽은 부활 승천하는 십자가의 모습입니다.

1980년대에 소록도중앙교회에서 예배드렸을 때 손가락이 모두 떨어져 나간 성도가 두 주먹을 두드리며 천사의 얼굴빛으로「나의 기쁨 나의 소망되시며」찬송을 부르던 모습이 생각나 가슴이 뜨거워집니다.

내가 만든 십자가 내가 사랑하는 십자가 | *52*

나는 브살렐이며 오홀리압입니다

　출애굽기 31장 1-11절은 성막과 각종 성물을 제작할 일꾼들을 하나님께서 친히 선택하여 임명하시는 내용입니다. 시내산에서 모세에게 성막의 구조와 양식에 대해 가르치신 하나님께서 이제 성막을 제작하도록 명하십니다. 하나님의 명을 받들어 성막을 제작할 두 사람, 브살렐(Bezalel)과 오홀리압(Oholiab)을 지명하십니다.

　브살렐은 야곱의 4남인 유다의 6대 자손으로, 성막 건축을 위해 특별히 부름받았고, 하나님의 영을 그에게 충만하게 하여 지혜와 총명과 지식, 그리고 여러 가지 달란트를 주셨습니다. 그런 그에게 나무를 새겨 만들게 하셨습니다.

　하나님은 사람마다 각기 다양한 재능과 은사를 베풀어 주십니다. 어느 것 하나라도 더하거나 못한 은사는 없습니다. 인간은 누구나 46개의 염색체를 가지고 부정모혈(父精母血)로 태어납니다. 하나의 유전체만으로도 삶의 전체가 달라질 수가 있습니다.

　여기서 중요한 고백은 나의 정체성이 그리스도인이라는 사실입니다. 더불어 십자가를 손으로 만들 수 있는 재능을 주셨습니다. 십자가 공방에 들어가면 영혼이 춤추는 것 같은 기쁨, 감사, 행복함이 가득합니다.

　작업을 마칠 때까지 끊임없이 간구하며 놓지 말아야 할 것은 기도 줄입니다. 하나님께서 지혜와 힘, 은혜를 베풀어 주셔야 하기 때문입니다. 십자가를 만들면서도 가끔 이렇게 외칩니다.

　"사랑하는 주님, 감사합니다. 나는 브살렐이며 오홀리압입니다!"

신령한 말씀의 젖을 먹고 자란 남전교회

한국기독교장로회 총회 유적지 교회 제1호인 남전교회는 만경강을 통해 복음을 들고 들어온 미국 남장로교 전위렴(윌리엄 맥클리어리 전킨, William McCleary Junkin, 1865~1908) 선교사님의 헌신으로 1897년 10월 15일에 설립된 익산 지역 최초의 교회입니다. 교회가 있는 북참마을에 나를 살게 하신 것도 하나님의 은혜이며 계획하심인 줄 믿습니다.

남전교회를 담임하고 있는 송승현 목사님을 생각하면 사도행전 20장 24절 말씀처럼

> "하나님의 은혜의 복음을 증언하는 일을 마치려 함에는
> 나의 생명조차 조금도 귀한 것으로 여기지 아니하노라."

라고 고백한 사도 바울이 떠오릅니다.

130여 년의 교회 역사 속에 1919년 솜리장터에서 4·4 만세운동을 일으켜 3명의 순국열사가 나온, 민족사적으로도 숭고한 뜻이 흐르는 교회입니다. 지금은 원로장로로 계시는 형님 진창덕 장로님은 내가 주님을 만날 수 있도록 인도해 주신 고마운 분입니다.

중학교 시절, 버스비가 아까워 왕복 약 18킬로미터의 거리를 많이 걸어다녔습니다. 삼일밤 예배가 끝나갈 무렵, 집에 오면 곧바로 교회로 향했습니다. 아무리 배가 고파도 강대상의 십자가만이라도 보고 가야 잠이 들 것 같았습니다.

반세기가 지난 지금 42년의 목회 여정을 달려왔습니다. 어제 일을 생각하니 감사, 오늘 일을 생각하니 기쁨, 내일 일을 생각하니 소망뿐이라고 고백합니다. 주님의 몸 된 남전교회에서 말씀의 젖을 먹고 자란 덕분이기에 감사 올려드립니다.

세월호 십자가

그날은 땅도 울고 하늘도 울었습니다. 세월호 참사를 잊을 수가 없습니다. 꾸지뽕나무로 십자가를 만들고 조각이 한 개 남았습니다. 이 나무는 갈잎 작은키나무이자 떨기나무입니다. 잎겨드랑이에 가지가 변해서 된 길고 날카로운 가시가 있지만 무척 단단하고 나이테가 선명하여 십자가 재료로 많이 사용하는 편입니다. 나이테를 세어보니 50개쯤 되었습니다. 주먹만 한 나무 조각도 쉽게 버리지 못하는 이유는 언제, 어떻게 쓰임받을지 모르기 때문입니다.

잊고 있던 꾸지뽕나무를 보고는 깜짝 놀랐습니다. 한 개의 통나무가 두 조각으로 나뉘어 있는 것입니다. 스스로 쪼개진 것입니다. 마치 두 척의 배가 나란히 항해하는 듯 보였습니다. 이때는 2014년 4월 16일에 발생한 세월호 참사 5주기를 앞둔 시점이었습니다.

두 조각 난 나무토막이 배의 형태로 보였습니다. 나는 팽목항에 가서 304명의 희생자가 잠긴 바다 쪽을 보면서 얼마나 울었는지 모릅니다. 밀려 들어오는 바닷물에 당황하며 온 힘을 다해 창을 두드렸을 꽃다운 학생들과 희생자들을 생각하며 십자가를 앞에 세웠습니다. '세월호 십자가'라고 이름을 붙이고 잠시 간절한 기도를 드렸습니다.

눈에 넣어도 아프지 않을 자식들을 가슴에 묻은 부모님과 가족들, 친척, 이웃, 친구들에게 용기와 위로를 내려주소서! 이 땅에 다시는 어이없는 사고로 참척(慘慽)의 슬픔을 겪는 일 없게 보호하여 주옵소서!

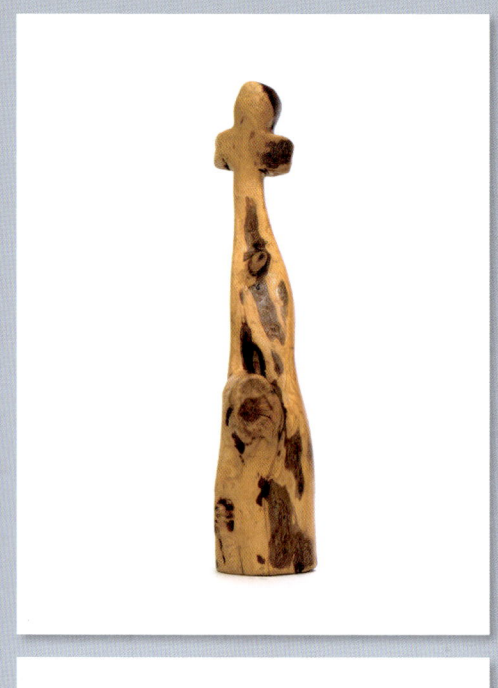

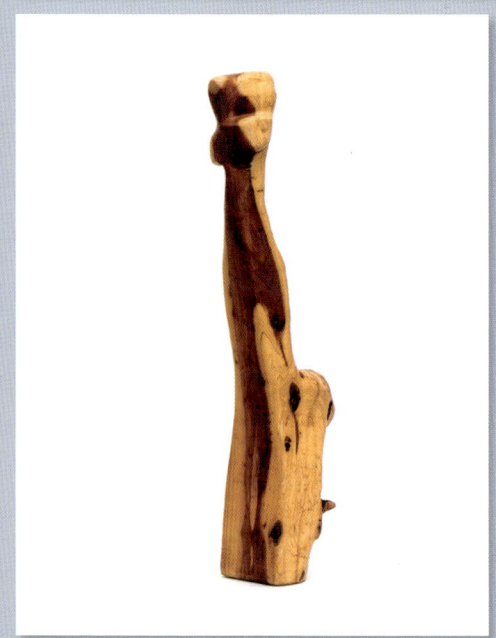

예수님의 두 다리 형상이
드러난 십자가

믿음의 문을 열고 들어가는 것은 창세기(Genesis)부터임을 믿습니다. 하나님께서 창조주(創造主)이심과 동시에 우주 만물의 주인(主人)이심을 저는 고백합니다.

"하나님이 지으신 그 모든 것을 보시니 보시기에 심히 좋았더라
(God saw all that he had made, and it was very good)…."(창 1:31)

이 말씀을 볼 때마다 왜 자연(nature) 만물을 가리켜 하나님의 걸작품(the works of God)이라고 표현하는 것인지를 알 수 있습니다.

전나무로 십자가를 만든 날이 있습니다. 패트리스 부샤르동(Patrice Bouchardon, 프랑스,『나무의 치유력』, 2003)이 말한 '9가지 치유(治癒) 나무' 중에는 전나무도 포함됩니다. 전나무가 가진 의미는 '자유로워라'입니다.

이날도 하나님께서 하시는 일 때문에 눈을 의심할 만한 깜짝 놀라는 일이 벌어졌습니다. 나무 재단(裁斷)을 하고 보니 마치 예수님께서 십자가에 매달려 돌아가실 때 꺾어진 두 무릎과 다리를 붓으로 그려놓은 것 같은 형상(形像)이 선명하게 드러난 것입니다.

그 모습을 그 자리에 얼어붙은 것마냥 멍하니 바라볼 수밖에 없었습니다. 오늘은 작업하며 부르는 찬송가 중에 144장 「예수 나를 위하여」가 입에서 흘러나왔습니다.

"예수님 예수님 나의 죄 위하여 보배 피를 흘리니 죄인 받으소서"

내가 만든 십자가 내가 사랑하는 십자가 | 60

제주도 바닷가에서 주워 온
유목 십자가

어디에서 흘러 흘러 여기까지 왔을까?

짠 바닷물을 흠뻑 마셨다가 뱉어내고 그러기를 언제부터 얼마나 반복한 걸까?

작은 몸뚱아리, 낮이면 소금물에 절어 얼마나 뜨거웠을까?

소금물에 전 몸은 밤이면 얼마나 추웠을까?

바다 물결 따라 제주 앞바다까지 여행 온 나무….

칼 세이건(Carl Edward Sagan, 미국, 1934~96)이 쓴 『COSMOS』를 보면 "인류라는 존재는 코스모스라는 찬란한 아침 하늘에 떠다니는 한 점 티끌에 불과하며 코스모스를 거대한 바다라고 생각한다면 지구의 표면은 곧 바닷가에 해당한다."라는 문장이 나옵니다.

'그렇다면 나도 거대한 바다에 떠다니는 유목(流木)과 같은 존재가 아니겠는가?' 돌 틈에 끼어 하얗게 색이 바랜 나무를 주워 들고 야호 소리를 지르며 소년같이 기뻐했습니다.

출렁이는 나일 강변에서 울고 있는 아기 엄마, 갈대 상자 가져다가 역청 칠한 엄마의 손, 둥실둥실 흘러가는 갈대 상자이자 아기 모세의 침대. 그것이 바로의 공주 눈에 띈 것처럼 이 나무가 내 눈에 띈 것도 우연이 아니리라.

이 세상에 있는 모든 나무로 십자가를 만들어 보고 싶은 마음은 지나친 상상일까요? '지구촌 모든 사람의 목에 십자가가 걸려 있다면 어떨까?' 소설 같은 상상을 해보며 피식 웃어 봅니다.

제주 여행을 마치고 집에 도착하자마자 이 나무로 십자가를 만들어야겠다는 설렘은 내가 살아있는 이유이기도 할 것입니다.

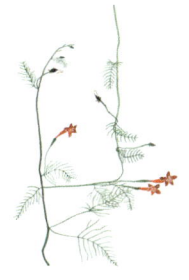

어떻게 고춧대로
십자가를 만들 생각을 했어요?

　교회에 이십여 평 되는 작은 텃밭이 있습니다. 5월 초가 되면 고추는 종류별로 심고, 파프리카, 가지, 오이, 피망, 토마토, 상추, 대파, 쪽파 등을 심습니다. 밭을 가꿀 때 힘든 일 중의 하나가 땅을 파는 것입니다.
　이른 아침, 밝은 햇살을 받으며 조랑조랑 매달려 있는 고추를 따서 고추장에 찍어 먹으면 밥 한 그릇이 뚝딱 없어집니다.
　고추는 페루가 원산지이지만, 한국 음식에서 떼려야 뗄 수 없는 관계입니다. 거의 서리가 올 때까지 고추를 따먹게 되고 남은 고춧대는 대부분 불에 태워 버립니다. 어느 날, 텃밭을 오가며 문득 '고춧대로 십자가를 만들면 멋지겠다.'라는 생각을 했습니다.
　인간도 혹독한 고난 속에서 담금질 될 때 고통을 긍정적 의미화(肯定的意味化)를 시킬수록 그릇이 커집니다. 고춧대도 봄을 맞이하기 위해 추운 겨울을 견디며 기다린 후에 강하면서도 유연성(柔軟性) 있는 나무로 탈바꿈합니다. 고춧대의 중간중간 굵은 마디는 마치 근육질 대장부의 서어나무처럼 힘 있게 보입니다.
　동물, 식물, 곤충, 새, 풀까지도 나름대로 삶을 살아갑니다. 그래서 생명과학자들은 그들 또한 정교한 '제 삶의 계획서(計劃書)'를 원래부터 가지고 있다고 말합니다.
　사람들이 질문을 합니다. "아니, 어떻게 고춧대로 십자가를 만들 생각을 했어요? 이것이 고춧대라는 사실이 믿어지지 않아요."
　저의 대답은 이렇습니다. "하나님이 만드신 것 중에 의미 없는 것이 하나라도 있을까요?"

내가 만든 십자가 내가 사랑하는 십자가 | 64

내가 지고 가는
노간주나무 십자가

지인이 노간주나무 하나를 들고 왔습니다. 측백나뭇과입니다. 소의 코뚜레를 생각나게 하는 나무입니다. 소의 코청을 꿰뚫고 거기에 끼는 고리에 많이 사용합니다. 부드럽지만 강해서 쉽게 부러지지 않는 특성이 있습니다.

커다란 줄기에 다섯 개의 가지가 뻗어 있었습니다. 가지마다 십자가를 만들어 다섯 개가 완성되었습니다. 그리고 십자가 하나마다 이름을 붙였습니다.

예수님이 지신 십자가, 좌우에 있던 강도들의 십자가, 구레네 시몬이 대신 진 십자가, 그리고 나의 십자가입니다.

나는 이스라엘 성지순례에서 예수님이 십자가를 지고 가신 고난의 길을 따라가 보았습니다. '십자가의 길(Via Dolorosa)'의 너비는 4미터 정도이고, 길이는 600미터쯤 됩니다. 예수님이 십자가를 지고 가시면서 사건이 일어난 장소들을 표시해 놓은 곳이 14군데입니다.

그중 제5번으로 표시된 곳은 구레네 시몬이 십자가를 대신 지고 간 길입니다. 그 후 시몬은 예수님을 믿고 두 아들 알렉산더와 루포, 어머니까지 초대교회의 아름다운 신자가 되었습니다.

이 십자가를 만들면서

> "무리와 제자들을 불러 이르시되 누구든지 나를 따라오려거든 자기를 부인하고 자기 십자가를 지고 나를 따를 것이니라."(막 8:34)

하신 주님의 말씀을 묵상했습니다.

교회당 뒷벽에 걸려 있는 노간주나무 십자가를 볼 때마다 자문하며 정체성을 확인합니다. '주님이 나를 위해 목숨을 버리셨다면 그분을 따르는 제자인 나는 주님과 복음을 위해 어떻게 순종하고 무엇을 행해야 할 것인가?'

바울선교센터 24시간 기도실에 걸고 온 십자가

현재 91개국에 486명의 선교사를 파송하고 있는 (사)바울선교회(1986년 창립)의 선교센터는 김제평야 만경읍에 자리 잡고 있습니다.

이번에 46기 바울 선교사를 모집하는 공고를 보았습니다. 면접에 합격한 사람은 국내에서 온 가족과 함께 6개월간 합숙 영성 훈련을 받습니다. 국내 훈련을 마치면 필리핀에 있는 OMOC 훈련원에서 다시 8개월간 합숙 영성 훈련을 받습니다. 영어, 선교학, 경건 훈련, 현지 적응 훈련 후에 파송됩니다. 옛날에 저도 중국에 선교사로 나갈 기회가 있었는데, 꿈에 머물렀습니다.

바울선교센터에는 24시간 중보기도실이 있는데, 당번을 정하여 전 세계에 파송된 선교사님들과 미전도 종족, 그리고 열방에 주의 복음을 전하는 일을 위해 기도하고 있습니다. 영적인 발전소이지요. 이 기도실에 십자가가 필요하다고 하여 노각나무로 만들어 걸어주고 왔습니다.

차나뭇과인 노각나무는 주로 남부지방에서 자랍니다. 어린 가지의 잎겨드랑이에 흰색 꽃이 탐스럽게 피어나며 껍질은 회갈색의 사슴뿔과 같은 무늬가 있습니다.

80세가 넘으신 이동휘 목사님(1983~2006년, 전주안디옥교회·깡통교회 담임)과 사모님을 뵐 때 마치 예수님을 뵙는 것 같은 큰 기쁨을 느꼈습니다. 저는 바닥에 무릎을 꿇고 안수 기도해 주실 것을 부탁드렸습니다. 한 손은 머리 위에, 한 손은 손을 잡고 기도해 주실 때 가슴 한쪽은 불타는 것 같았고 한쪽은 시원한 바람이 지나가는 것 같은 은혜가 충만했습니다. 작은 십자가 하나 만들어 걸었을 뿐인데, 이토록 큰 사랑과 축복을 받는가 싶어 감사의 마음이 하염없이 출렁거렸습니다.

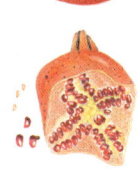

베다니집으로 간 십자가

'베다니집'은 1961년도에 세워진 곳입니다. 은퇴하신 여교역자님들의 안식과 생활을 위해 한국기독교장로회 여신도회 전국연합회에서 운영·관리하고 있습니다. 이곳에 계신 대부분의 은퇴 여교역자님들은 홀로 사시는 분들이 많습니다. 전국 1,600여 개 교회가 관심을 두고 기도해야 할 기관입니다.

베다니집 건물을 다시 건축 중이니 걸어 놓을 십자가를 만들어 달라는 부탁을 받았습니다. 부탁한 분은 나의 결혼을 중매해 준 형수님이면서 그 당시 기장 여신도회 전국연합회 회장인 원계순 권사님입니다.

가로 30센티미터, 세로 50센티미터의 크기입니다. 한 달 동안 나무를 구하기 위해 기다리며 기도했습니다. 역시나 앞서 행하시는 하나님께서 예비해 놓으신 나무가 있었습니다. 신기하고 놀라울 뿐입니다. 신시도 앞바다에 떠다니는 유목, 서어나무를 건졌습니다.

내가 가끔 바닷가를 가는 이유는 두 가지입니다. 하나는 찬송가 134장

> "나 어느 날 꿈속을 헤매며 어느 바닷가 거닐 때
> 그 갈릴리 오신 이 따르는 많은 무리를 보았네"

를 부르고 싶어서이고, 하나는 유목을 건지기 위함입니다.

자작나뭇과인 서어나무는 중부 이남의 산에서 자랍니다. 나무껍질은 회색에 울퉁불퉁하고, 암수 한 그루로 꽃이 잎보다 먼저 핍니다. 수꽃 이삭은 지난해 가지에서 나와 늘어지고, 암꽃 이삭은 어린 가지 끝에서 나옵니다.

이 나무로 십자가를 만들면서 줄곧 묵상했습니다. 평생 주의 복음을 증거하며 험한 십자가 항상 달게 지고 죽도록 충성해 오셨을 여교역자분들의 십자가 길을….

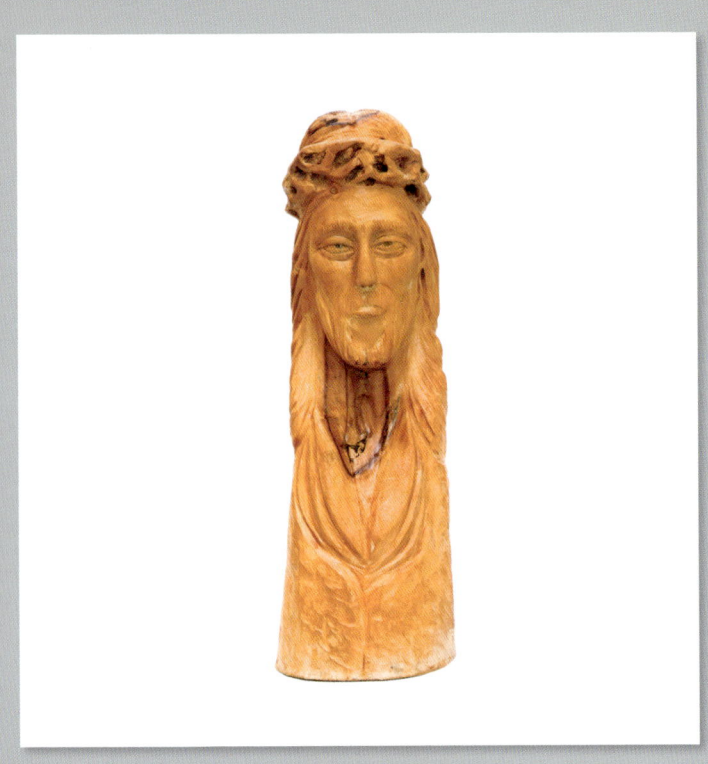

예수님 형상 조각을 만든 이유 ①

삶 속에 어느 것 하나 우연한 게 없다는 것을 깨달을 때가 있습니다. 하나님께서는 멋진 화가이셔서 내 삶의 전체 그림의 윤곽을 아시고 스케치하신 후에 하나씩 붓을 움직이신다는 것입니다.

처음에는 희미한 거울을 보는 것 같은데, 분명한 이유와 목적과 뜻을 알 때가 있습니다. 이럴 때 우리는 '아, 정말이지 하나님은 살아계시고 나를 사랑하셔서 나를 향해 놀라운 계획을 가지고 계신다.'라고 힘 있게 고백하게 됩니다.

2014년도의 일이니까 벌써 10년이 된 것 같습니다. 그해 어느 날, 예수님 형상의 조각을 만들어 보고 싶었습니다. 한두 번 떠오르는 생각에 머문 것이 아니라 계속하여 마음이 부추겨지니 더 이상 거부할 수 없었습니다.

십자가를 만드는 일과 나무를 조각하는 것에는 많은 차이가 있습니다. 조각을 해본 적도 없을뿐더러 아무런 기술도 없었습니다.

어느 날, 길가에 은행나무 토막이 뒹굴어 다녀서 주워 왔습니다. 그로부터 석 달간의 작업 끝에 예수님 형상의 조각 작품이 나왔습니다.

작업을 하면서 나무 안으로 파고들수록 놀라운 일 두 가지가 벌어졌습니다. 아무리 상상력을 동원해도 이해할 수 없는 일이었으니, 가슴과 머리 부분에 핏자국 같은 색깔이 선명하게 드러난 것입니다. 나무를 주워 올 때만 해도 그냥 길거리를 뒹굴어 다니는 은행나무였으니까요.

사람들이 모두 입을 모아 "그것은 나무 속에서 얼마든지 나올 수 있는 우연한 일이지."라고 해도 "그렇지 않습니다. 이 일은 내가 체험한 은혜입니다."라고 힘 있게 고백할 것입니다.

예수님 형상 조각을 만든 이유 ②

　예수님 형상을 조각하면서 눈물을 흘릴 정도로 가장 힘들었던 고비는 예수님 머리의 가시 면류관을 작업할 때였습니다. 아무리 조심했어도 조각도에 한 번도 안 찔렸다면 거짓말일 것입니다. 다른 기계 없이 조각도만으로 섬세하게 조각해야 하는 일은 아직 한 번도 조각을 안 해본, 기술이 부족한 나로서는 매우 고되고 힘든 작업이었습니다.
　먼 곳으로 항해하는 배가 풍파 없이 조용히 갈 수만은 없습니다. 때로 풍파는 전진하는 사람의 벗입니다. 3개월간의 이 작업은 오롯이 주님만 생각하는 몰입의 기쁨을 누릴 수 있었습니다.
　처음부터 어떠한 목적과 결과를 예측하여 십자가나 다른 작품을 만들지 않습니다. 만드는 과정 자체가 은혜와 기쁨이 되기 때문입니다.
　석 달 동안의 작업 끝에 완성이 될 무렵, 갑자기 이러한 생각이 떠올랐습니다. '내가 훗날 하나님의 부름을 받아 천국에 가는 날 천국 환송 예배가 있겠지. 영정 사진이 놓일 것이고 국화로 장식되겠지. 영정 사진 좌측에 예수님 형상 조각 작품을 놓으면 어떨까? 영정 사진 우측에 내가 만든 십자가를 하나 세워 놓으면 어떨까?' 마음속에 이미지화된 예수님의 형상은 내게 어떠한 뜻을 안겨주었을까요?
　주님은 나를 지구상의 78억 인구 중에 하나밖에 없는 존재처럼 여기시고 사랑하시어 십자가에 돌아가심으로 구원해 주셨다는 사실을 또 한 번 기억합니다.

내가 만든 십자가 내가 사랑하는 십자가 | 74

CBS 전북 방송국과
앵두나무 십자가

    CBS 전북 방송국에서 매주 토요일 저녁 9시에 방송된 「물이 바다 덮음같이」(2023년 5월~2024년 5월)에 설교 녹음을 하러 격주로 방문했습니다. 방송국에서는 종종 직원들이 노루처럼 뛰어다니는 모습을 봅니다. 그 정도로 맡겨진 일에 열심으로 충성을 다하는 것이겠지요. 특히 방송국 본관 입구 관리실 직원분들이 자상하고 친절합니다. 문도 열어주시고 엘리베이터 버튼도 눌러주십니다.

    어느 날, 녹음을 마치고 나오는데, 관리실 직원 한 분이 "목사님 잠깐만요. 선물을 준비했습니다." 하며 붙잡았습니다. "아, 그래요? 무슨 선물인지요?" 하고 묻자, 십자가 만드시는 목사님께 필요할 것 같아 챙겨 놓았다면서 한쪽 구석에 세워 둔 나무 두 개를 들고 나오는 것입니다.

    이 나무들은 방송국 화단에 있던 앵두나무를 봄에 전지할 때 베어놓은 것이었습니다. 차까지 실어주기에 "멋진 십자가를 만들 것을 생각하니 설렙니다."라고 감사 인사를 건넸습니다.

    매일 11시부터 생방송되는 「스마일송 양송희입니다」 프로그램 청취자들에게 보내는 선물로 한 달에 십자가 스무 개씩 기증하기로 한 것이 생각났습니다. 하나님께서 그 작은 정성을 아시고 앵두나무 선물을 주신 것 같아 차 안에서 감사 기도를 드렸습니다.

    "하나님 사랑의 눈으로 너를 어느 때나 바라보시고…"

    내 입에서는 「주만 바라볼지라」 찬송이 흘러나왔습니다.

예수마을교회에서 흘린 눈물

　한국기독교장로회는 전국 28개 노회에 1,600여 개 교회가 소속되어 있습니다. 익산노회 70개 교회 중, 여산 농촌마을에 '예수마을교회'가 있습니다. 이 교회에서 시무하시던 서 목사님은 안타깝게도 50대에 돌아가셨습니다. 그 후 사모님께서 남편의 뜻을 이어받아 신학 공부를 하시고 담임 전도사로 목회를 하고 계십니다. 나는 이분을 늘 '천사표'라고 부릅니다. 김옥남 전도사님입니다.

　노회에서는 한 주에 사랑과 기도가 담긴 헌금을 모아 아담하고 예쁜 교회당을 건축해 주었습니다. 헌당식을 할 때 강대상에 십자가를 만들어 걸어주었습니다.

　노회에서 임시당회장으로 임명, 파송되어 부활주일에 성찬식을 하기 위해 예수마을교회를 방문했습니다. 예배당에서는 칠십 중반의 권사님께서 예배 전 찬양을 인도하고 계셨습니다. 전도사님과 강대상의 십자가를 번갈아 바라보다 눈물이 복받쳐 올라왔습니다.

　남편 목사님을 먼저 천국에 보내드리고 눈물 없이 갈 수 없는 십자가의 길을 묵묵히 걸어오신 전도사님이 한없이 존경스러웠습니다. 오래전부터 희귀병으로 투병을 하고 계시는데도 늘 미소와 용기를 잃지 않으시는 참나무 같은 분입니다. 아들은 군목 소령으로 부친의 대를 이어 사명을 감당하고 있습니다.

　'이 지역이 예수마을교회로 인해 예수마을 되게 하소서.' 기도하고 돌아와서도 그 강대상에 걸려 있던 십자가의 여운이 떠나지를 않습니다.

내가 만든 십자가 내가 사랑하는 십자가 | *78*

상처가 깊을수록 무늬도 아름다운 먹감나무 십자가

먹감나무로 만든 십자가를 보고 사람들이 질문합니다. "나무에 검정 물감을 칠한 거예요?" "아닙니다. 자연이 만든 작품이죠. 그 자연은 창조주 하나님께서 만드시고 좋았더라 하신 생명이고요."

까맣게 먹물이 든 먹감나무를 보면서 여러 가지 생각을 합니다.

나무에 상처가 생겨 균이 침투합니다. 그러면서 검은색 물을 몸에 들이게 됩니다. 이렇게 검게 변한 먹감나무는 탁자나 고급가구, 조각재로 사용합니다.

인간은 상처받고 치유되지 않으면 다른 사람에게 상처를 입히기도 합니다. 먹감나무는 상처가 깊을수록 무늬도 아름다워집니다. 상처를 아름다움으로 바꾸는 것입니다. 그야말로 나무가 그리스-로마 신화의 프로메테우스(Prometheus)처럼 '고통을 긍정하는 기술'을 가지고 있는 것입니다.

나무는 고통과 상처를 있는 그대로 받아들이고, 승화시키며, 견뎌내는 힘이 있으니 과연 '자연은 최고의 선생님'이 맞습니다.

먹감나무 십자가는 깊이 보아야 합니다. 독일 철학자 프리드리히 니체(Friedrich Wilhelm Nietzsche, 1844~1900)가 말한 것처럼 삶을 깊이 보는 것만큼 인간은 고통도 깊이 봅니다. 십자가 은혜를 깊이 알수록 나를 위해 고초를 겪으신 주님의 고통을 깊이 느끼며 바라봅니다. 그러면 고통의 깊이를 보는 눈이 열립니다. 그리고 이러한 찬송이 흘러나옵니다.

"Amazing grace how sweet the sound that
saved a wretch like me!"

내가 만든 십자가 내가 사랑하는 십자가 | 80

십자가가 옷 입는 동백기름

하나의 십자가를 완성하기까지는 정말 많은 손길이 갑니다. 기도, 나무 구입, 디자인, 재단, 다듬기, 사포질, 구멍 뚫기, 기름칠, 건조, 끈 묶기 등 열 단계가 넘어가는 과정을 거칩니다.

그동안 천오백여 개를 만들었지만, 똑같은 것은 단 하나도 없었습니다. 그 중에 마무리하는 기름칠도 중요합니다. 국산 식용 동백기름을 사용합니다. 동백꽃이 일 년에 몇 번 필까요? 이 꽃은 송이째 통째로 떨어집니다. 나무에서 땅으로 떨어지는 장면을 보는 사람의 마음에 세월이 흐른 후 추억 속에서 다시 피어납니다. 이것은 주관적인 저의 생각입니다.

동백나무는 차나뭇과입니다. 경칩이 되기 전부터 꽃이 핍니다. 가지 끝이나 잎겨드랑이에 붉은색 꽃이 한 송이씩 피는데, 5~7개의 꽃잎이 비스듬히 퍼집니다. 둥그스름한 삭과 열매는 길이 2~3센티미터로, 세 갈래로 갈라지면서 검은 갈색의 씨가 나옵니다. 씨에서 짠 기름을 동백기름이라 하여 옛날부터 부인들의 머릿기름 등으로 사용했습니다. 햇볕에 50여 일 이상 말린 후, 기름을 짭니다.

십자가 옷 입는 100퍼센트의 동백기름은 거제도 학동 몽돌 동백기름(생압착식)을 사용하고 있습니다. 십자가에 기름을 바를 때의 부드러운 감촉과 깊고 감미로운 향내는 마치 커피의 심장으로 불리는 에스프레소(Espresso)를 입안 가득 머금고 있는 것 같습니다.

 ## 십자가의 길로 걸어가게 하소서!

두 번째 성전을 건축할 때 강대상 십자가를 만든 후, 보관해 놓은 나무 조각들이 생각났습니다.

알고 있는 지식과 기술로 십자가를 만드는 것이 아닙니다. 순간마다 지혜를 구하지 않으면 안 된다는 것을 잘 압니다.

조각칼로 발자국을 새겼습니다. 처음에는 큰 발자국으로 시작하여 십자가 앞으로 갈수록 작아지도록 표현했습니다. '이 십자가에 이름을 붙인다면 무엇이 좋을까요?' 성령님께서 마음에 감동을 주심으로 명명된 것이 '십자가의 길로 걸어가게 하소서!'입니다.

작품을 완성한 후에 1976년 10월 6일, 내 나이 열아홉 살 때 펜촉으로 잉크를 찍어 꾹꾹 눌러쓴 글을 다시 읽어보았습니다.

"귀하신 주여 내 손을 잡아 인도하소서. 땅 위의 모든 유혹을 잊고 주님을 따를 수 있는 마음의 힘을, 아! 이 몸에도 부어 주소서. 하늘 영광 다 버리시고 죄와 고통과 죽음을 감당하신 주여, 나를 인도하소서. 천성에 가는 길이 험하여도 웃으면서 걸어가렵니다. 골고다를 가는 길이 고통과 죽음의 길일지라도 새 생명을 바라보며 가렵니다. 십자가를 지고 가다 쓰러지고 또 쓰러져도 다시 일어나 걸어가렵니다. 나를 비웃고 욕하고 십자가에 못 박을지라도 그들을 위하여 미소를 머금고 저 높은 곳을 향하여 나아가렵니다. 오늘도 내일도…"

불타버린 숯 십자가

"모든 존재가 내게 신성하며 모든 날이 내게 성스럽다."

시인이며 사상가인 에머슨(Ralph Waldo Emerson, 미국, 1803~82)의 말입니다. 세상에 있는 돌멩이 하나, 잡초까지도 삶의 계획서가 있습니다.

아침 산책길에서 길가 풀밭에 덩그러니 놓인 나무에 눈길이 갔습니다. 1미터가 넘는 시커멓게 불에 타버린 숯 나무였습니다. '이것으로 십자가를 만들어 보면 좋겠다.'라는 생각이 들어 성령님의 감동이라고 믿었습니다.

자세히 살펴보니 겉만 타고 속은 타지 않은 상태였습니다. 버려져 있는 쓸모없는 나무라 해도 누구의 손에 들리느냐에 따라서 쓰임받는 용도가 다릅니다. 누가 불에 탄 나무를 가져갈 사람이 있을까요? 시커먼 숯이 손에도 몸에도 묻어 나는데, 십자가가 완성될 때까지 생각에 생각을 하게 되었습니다.

약 70센티미터가 되는 숯 십자가를 물끄러미 바라보고 있노라니 '우리 주님의 마음이 이러시지 않았을까! 모든 백성이 구원받기를 원하시는 마음. 우리를 사랑하시는 애타는 마음 때문에 숯처럼 새까맣게 타버렸을 것 같은 그러한 마음이 아니실까!' 자신의 백성들을 구원하시기까지 기다리면서 타들어 가셨을 주님의 마음을 감히 헤아려 보았습니다.

수년 동안 그 자리에 있었을 나무였을 텐데 왜 하필이면 지금 눈에 들어왔을지…. 그러기에 시간도, 삶을 움직여 가는 찰나적인 의지도 내 맘대로 되지 않는 것 아니던가? 큰 힘, 그분의 힘이 나를 움직여 가고 있음을….

전주 한옥마을 십자가 전시회

　작은 것이라도 시작하지 않으면 아무 일도 일어나지 않지만, 뭐라도 시작하면 어떻게든 흘러가게 되어 있습니다. 천 리 길도 한 걸음씩 움직이다 보면 완주하게 됩니다. 중요한 것은 시작하는 용기와 대담하게 부딪혀 보는 배짱입니다. 이 여정에는 즐거움과 의미가 포함되어 있습니다.
　일 년 중에 거의 한 주도 비어 있을 날이 없을 정도로 예약이 되어 있는 곳, 바로 꽃심의 고장인 전주 한옥마을 '한국전통문화전당'입니다. 일 년에 1,500만 명, 하루에 약 4만 명의 발걸음이 오고 가는 한옥마을에서 십자가 전시회장에 찾아온 사람들이 주님을 만나는 역사가 있기를 기도합니다.
　6일 동안의 모험은 내 생애의 'Amazing'이 될 것입니다. 언제나 결과 지향이 아닌 과정 지향적이었기에 몇 명이 전시회장을 찾아올지는 알 수도 없거니와 내가 할 수 있는 일에 온 힘만 다하면 됩니다.
　동기부여에는 노력, 땀, 수고가 뒤따릅니다. 십자가 하나를 만들 때 혼신의 노력을 기울입니다. 마지막 작품이라는 심정으로 만듭니다. 감사하게도 그 뒤에 능력이 생기고 다양한 기회가 따라옵니다. 사람이 연결되고 사람을 통해 축복의 물꼬도 열립니다. 내가 노력한 만큼의 성취감과 자신감, 행복도 정비례하게 됩니다.
　매일 전시회장에 출근하여 6일 동안 찾아오는 방문객들을 맞이해야 합니다. 어떠한 나무로 어떻게 십자가가 만들어졌는지 친절한 설명도 필요합니다. 삶을 깊이 보고 싶은 사람들을 위해 'Cross Art'라는 제목을 붙였습니다.

내가 만든 십자가 내가 사랑하는 십자가 | **88**

십자가를 쥐고 꿈꾸며 달리는 부부

새벽 4시 20분, 나의 눈부신 하루가 시작됩니다. 새벽 예배를 마치고 나면 5시 20분입니다. 사계절 예쁜 탑천길을 달리기 위해 힘차게 출발합니다. 미륵산 구릉에서 나오는 물줄기가 만경강으로 흘러들어 생명의 강을 만드는 곳, 바로 아름다운 탑천길 자전거 길입니다.

아내와 러닝화, 러닝복, 선글라스, 모자까지 맞춰 입고 달립니다. 운동하러 나온 사람들이 우리를 보고 손뼉 치며 파이팅을 외쳐 주니 더욱 힘이 납니다.

한 시간 여 동안 10킬로미터를 달리고 나면 온몸이 소중한 땀으로 목욕 되어집니다. 아내와 천천히 대화를 나눌 수 있는 행복을 담은 건강 달리기입니다.

손에 쥔 100년이 넘은 향나무로 만든 십자가에는 땀이 배어 진한 향기가 풍깁니다.

"십자가 단단히 붙잡고 날마다 이기며 나가세"
"아무 때나 어디서나 그대는 십자가 붙들고 있는가"

왼발, 오른발 박자에 맞추어 찬송을 부를 때 손 안의 십자가가 새로운 은혜로 영혼을 춤추게 합니다. 예수 그리스도 이름의 권세와 십자가 보혈의 능력으로 구원받은 은총에 감사가 솟구치는 복된 시간입니다.

눈앞의 미륵산 능선에서 홍시 같은 태양이 떠오르며 어느덧 날이 밝아옵니다. 출발할 때는 태양이 가슴에 안기고, 돌아올 때는 등 뒤를 비춰줍니다.

68세 진창오 목사와 65세 아내 김경희는 매일 십자가를 손에 쥐고 달리는 "꿈너머 꿈꾸는 부부"입니다.

내년 봄 트레일 러닝 50킬로미터 제주 마라톤 대회에 나갈 때쯤이면 이 향나무 십자가에 땀과 기도가 더욱 진하게 배어 있을 것입니다.

부록

'나에게 십자가란 무엇인가?' 사람들은 이렇게 고백했다

1. 나에게 십자가란	감사, 기쁨, 소망이다.	16. 나에게 십자가란	희망이다.
2. 나에게 십자가란	죄 사함이다.	17. 나에게 십자가란	사명이다.
3. 나에게 십자가란	천국이다.	18. 나에게 십자가란	등대이다.
4. 나에게 십자가란	나를 향한 하나님의 사랑이다.	19. 나에게 십자가란	믿음이다.
5. 나에게 십자가란	삶의 기준이다.	20. 나에게 십자가란	감사이다.
6. 나에게 십자가란	부름이다.	21. 나에게 십자가란	눈물이다.
7. 나에게 십자가란	생명이다.	22. 나에게 십자가란	빛이다.
8. 나에게 십자가란	나의 생명이다.	23. 나에게 십자가란	삶의 전부이다.
9. 나에게 십자가란	한없는 사랑이다.	24. 나에게 십자가란	무기이다.
10. 나에게 십자가란	삶의 자존심이다.	25. 나에게 십자가란	하나님의 선물이다.
11. 나에게 십자가란	사랑이다.	26. 나에게 십자가란	자유와 희생의 기억이다.
12. 나에게 십자가란	구원이다.	27. 나에게 십자가란	용서와 사랑이다.
13. 나에게 십자가란	모든 것을 다 주신 것이다.	28. 나에게 십자가란	섬김으로 인도하는 길이다.
14. 나에게 십자가란	나의 생명의 주인이다.	29. 나에게 십자가란	모든 것의 전부이며 삶이다.
15. 나에게 십자가란	하늘의 기쁨이다.	30. 나에게 십자가란	새 생명이다.

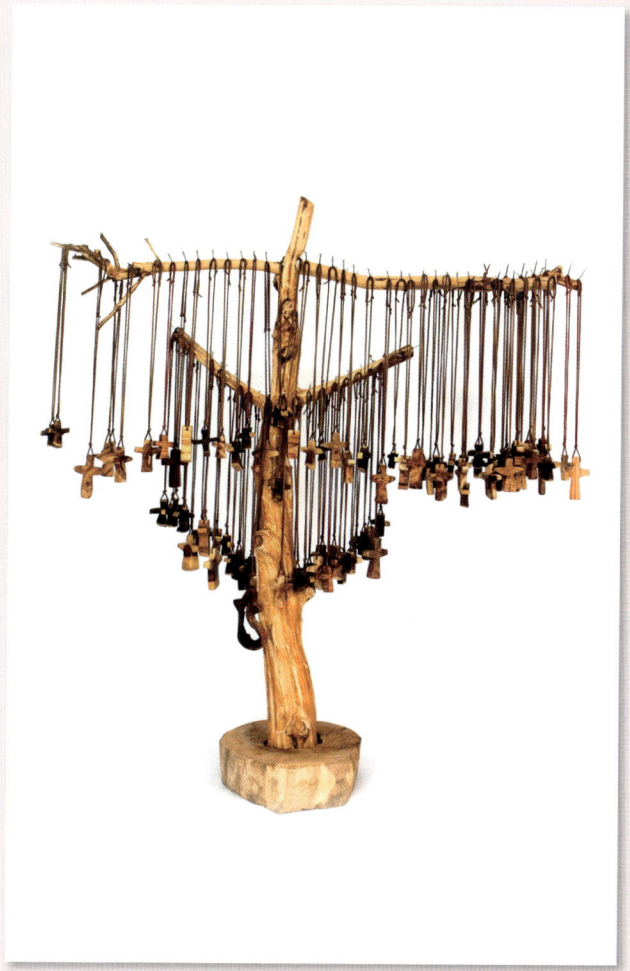

31. 나에게 십자가란	용기이다.	46. 나에게 십자가란	하늘을 나는 양탄자이다.
32. 나에게 십자가란	섬김이다.	47. 나에게 십자가란	믿음의 확신이다.
33. 나에게 십자가란	기쁨, 소망이다.	48. 나에게 십자가란	감사 찬송이다.
34. 나에게 십자가란	등대지기이다.	49. 나에게 십자가란	큰 축복이다.
35. 나에게 십자가란	수난의 친교이다.	50. 나에게 십자가란	회복이다.
36. 나에게 십자가란	하나님이다.	51. 나에게 십자가란	필요충분조건이다.
37. 나에게 십자가란	이불이다.	52. 나에게 십자가란	자기 포기와 희생이다.
38. 나에게 십자가란	나무이다.	53. 나에게 십자가란	심장이다.
39. 나에게 십자가란	혁명이다.	54. 나에게 십자가란	내 삶의 전부이다.
40. 나에게 십자가란	삶의 이유이다.	55. 나에게 십자가란	살아야할 이유이다.
41. 나에게 십자가란	행복이다.	56. 나에게 십자가란	천국을 보게 하는 눈이다.
42. 나에게 십자가란	주님의 모든 것이다.	57. 나에게 십자가란	사람을 이어주는 다리이다.
43. 나에게 십자가란	길이다.	58. 나에게 십자가란	희망의 시작이다.
44. 나에게 십자가란	기둥이다.	59. 나에게 십자가란	고백이며 선포이다.
45. 나에게 십자가란	플러스이다.	60. 나에게 십자가란	하늘의 메시지이다.

부록

십자가 재료 나무 스토리

가이즈카향나무(측백나뭇과)
- 잎이 몽실몽실한 부드러움을 가지고 있습니다. 벌레들이 나무에 그림을 그리고 다녔습니다.
- 나무 전지를 한 후, 버리지 않고 모아놓은 것을 재단해 보니 마치 예수님이 나를 환영하는 듯한 모습이 나타났습니다.
- 성전 건축을 하던 중 약 50년 된 가이즈카향나무를 기증받아 강대상 십자가를 만들 때 재단하고 남은 것입니다. 주님께로 가까이 한 걸음씩 가는 소망을 담았습니다.

고춧대
쓸모없다고 생각하여 버리는 고춧대를 한겨울이 지난 봄에 캐서 만들었습니다. 추운 겨울 동안 언 땅을 견뎌내며 단단해졌습니다.

가이즈카향나무 　　　 고춧대 　　　 편백나무

꾸지뽕나무(*Cudrania tricuspidata*, 뽕나뭇과)

잎겨드랑이에 가지가 변해서 생긴 길고 날카로운 가시가 있습니다. 자기 몸을 벌레를 위해 내준 흔적을 말하는 듯합니다. 십자가 공방에 몇 년을 둔 꾸지뽕나무가 어느 날 절반으로 쪼개졌습니다. 2014년 4월 16일, 세월호 참사에 희생된 사람들을 추모하며 '세월호 십자가'를 만들었습니다.

노간주나무(*Juniperus rigida*, 측백나뭇과, 늘푸른바늘잎나무, 높이 5~8미터)

소의 코뚜레 나무로 사용할 정도로 단단하고 부드러우며 석회암 지대에서 잘 자랍니다. '예수님의 좌우에 매달린 두 강도의 십자가'와 '구레네 사람 시몬이 진 십자가', '내가 지고 갈 십자가' 작품을 제작했습니다.

서어나무(*Carpinus laxiflora*, 자작나뭇과)

중부 이남의 산에서 자라며 나무 껍질은 회색이고 울퉁불퉁합니다. 신시도 바닷가에서 건졌으며 '베다니집'과 '바울선교센터'의 24시간 기도실에 있는 십자가입니다.

꾸지뽕나무　　　노각나무　　　다릅나무

아까시나무(*Robinia pseudoacacia*, 콩과)

원산지는 북아메리카로, 잎은 어긋나며 깃꼴 겹잎입니다. 기다란 꼬투리 열매 속에는 5~10개의 검은 갈색 씨가 들어 있습니다. 나무 껍질은 연한 갈색, 황갈색인데, 속은 길게 아름다운 무늬를 이루고 있습니다.

앵두나무(*Prunus tomentosa*, 장미과)

원산지는 중국이며 나무 껍질은 짙은 갈색입니다. 꽃은 잎보다 먼저 또는 잎과 함께 피어납니다. CBS 전북 방송국 나무 전지를 해놓은 것인데, 나무 속 무늬가 보혈이 흐르는 듯 보여 놀랐습니다.

음나무(*Kalopanax pictus*, 두릅나뭇과)

엄나무로 부르기도 하며 나무 껍질은 한약재로 쓰입니다. 이른 아침 익산 탑천길 산책 중에 주워 왔습니다.

자작나무(*Betula platyphylla* var. *japonica*, 자작나뭇과)

영화 「닥터 지바고」를 생각나게 합니다. 우리나라에서 자작나무는 백두산과 같은 북부 지방이나 강원도 북쪽의 깊은 산속에서 자랍니다. 하얀 수피가 아름다워 숲속의 귀족이요, 나무들의 여왕이라고 불립니다. 주로 강대상 십자가를 만듭니다.

전나무(*Abies holophylla*, 소나뭇과)

주로 높은 산에서 자라며 줄기는 곧게 자랍니다. 나무의 원뿔 모양이 아름답습니다. 나무를 재단해 보니 예수님의 두 다리처럼 생긴 모양이 나왔습니다.

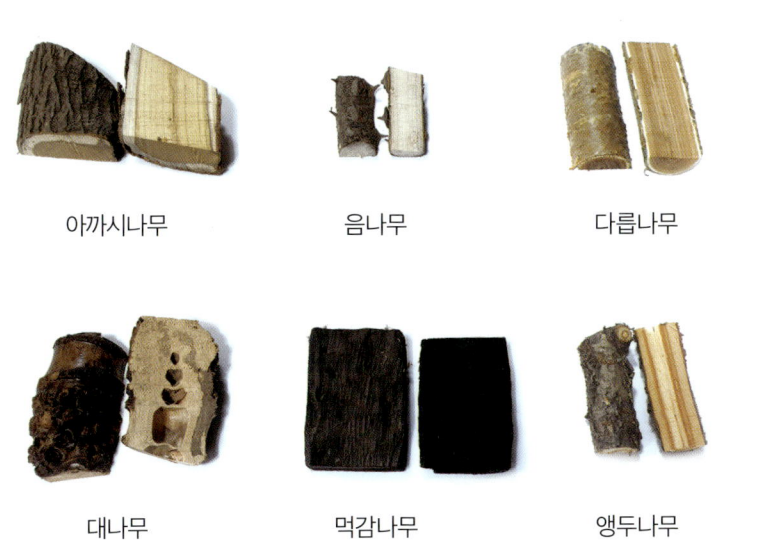

아까시나무   음나무   다릅나무

대나무   먹감나무   앵두나무

제주 바닷가에서 주워 온 유목
수많은 파도에 밀려다니며 오랜 세월 짠 소금기를 머금고 어느 바닷가 돌 틈에 버려진 나무입니다. 세상의 어느 것도 쓸모없이 존재하는 것은 하나도 없다는 것을….

포도나무(Vitis vinifera, 포도과)
원산지는 서아시아로, 잎과 마주나는 덩굴손으로 다른 물체를 감고 오릅니다.

> "나는 포도나무요 너희는 가지라 그가 내 안에,
> 내가 그 안에 거하면 사람이 열매를 많이 맺나니
> 나를 떠나서는 너희가 아무 것도 할 수 없음이라."(요 15:5)

히말라야시다/개잎갈나무(Cedrus deodara, 소나뭇과)
높이 25~30미터로 자라며 원산지는 히말라야 북서부로 히말라야삼나무라고도 합니다. 나무 전체의 모습이 원뿔 모양으로 아름다워 우리나라 남부 지방에서 관상수로 심습니다. 130년 된 익산 최초의 교회 마당에 심었던 나무가 죽어 십자가로 다시 살아났습니다.

느티나무 용목
구입할 때 가장 비싼 나무 중의 하나입니다. 800~1,000년 된 느티나무의 옹이나 뿌리 부분에 새겨진 화려한 무늬를 가진 나무를 '용목'이라고 부릅니다. 구하기도 어렵고 오래된 거목에서 소량으로 발견되는 특별한 부위입니다. 매주 주일 낮 예배 때 목에 거는 십자가입니다.

자작나무　　　아카시나무　　　탱자나무

포도나무　　　소나무　　　느티나무

다릅나무(*Maackia amurensis*, 개물푸레나무, 콩과)

갈잎큰키나무로, 나무 껍질은 회갈색에서 흑갈색 사이입니다. 속담에 "다릅나무는 병마를 쫓는 수문장 역할을 한다."라는 말이 있습니다. 남부 지방에는 거의 없으며 목걸이 십자가와 탁상용 십자가를 만드는 데 많이 사용합니다.

먹감나무

남부 지방에서 자생하는 토종 감나무이며 속에 철분이 쌓여서 검은 무늬가 나옵니다. 모진 비바람과 눈보라 속에서 살아온 세월의 흔적이기도 합니다.

명아주(*Chenopodium album* var. *centrorubrum*, 명아주속 비름과)

밭이나 빈 터에서 흔히 자라는 한해살이풀입니다. 봄에 나오는 어린 순은 데쳐서 나물로 먹으며 크게 자란 명아주 줄기로 만든 지팡이를 '청려장'이라고 합니다.